ORGANISATIONS-ENTWICKLUNG

Sichtweisen und Erfahrungen
österreichischer Führungskräfte

herausgegeben von

Norbert Kailer und Franz Biehal

mit Beiträgen von

Franz Biehal - Elfriede Biehal-Heimburger
Wolfgang Döring - Hans-Georg Hauser
Norbert Kailer - Christa Leupold
Hannes Piber - Hans von Sassen
Werner Vogelauer

Wien 1991
Manzsche Verlags- und Universitätsbuchhandlung

Eine Untersuchung mit Förderung durch die
Gesellschaft für Organisationsentwicklung (GOE) e.V.

Umschlaggestaltung:Doris Forsthuber/ Wolfgang Buchner
Printed in Austria
Druck: Novographic, 1238 Wien

_____

CIP–Titelaufnahme der Deutschen Bibliothek

Organisationsentwicklung : Sichtweisen und Erfahrungen
österreichischer Führungskräfte / hrsg. von Norbert Kailer und
Franz Biehal. Mit Beitr. von Franz Biehal ... - Wien : Manz,
1991
ISBN 3–214–08233–7
NE: Kailer, Norbert [Hrsg.]: Biehal, Franz

Inhaltsverzeichnis

Einleitung

Im Zeitraum von 1988 bis 1989 wurden von Mitgliedern der Regionalgruppe Österreich der Gesellschaft für Organisationsentwicklung
(GOE) österreichische Führungskräfte über ihren Wissensstand, ihre
Erfahrungen und ihre Einstellung zum Thema "Organisationsentwicklung" (OE) befragt.

Die Interviews wurden durchgeführt von

Franz Biehal,
Elfriede Biehal-Heimburger,
Oskar Gelinek,
Angela Gotthardt-Lorenz,
Hans-Georg Hauser,
Norbert Kailer,
Hannes Piber,
Hans von Sassen
und Werner Vogelauer.

Der vorliegende Bericht dokumentiert die Ergebnisse dieser Manager-
befragung:

Kapitel 1 skizziert die Vorgangsweise und den befragten Personen-
kreis.
Kapitel 2 stellt die Ergebnisse der Interviews mit österreichischen
Managern dar.
Diese werden ergänzt durch eine Befragung der Leiter/innen sozialer
Institutionen in Kapitel 3.
Kapitel 4 beschreibt die Ergebnisse einer schriftlichen Befragung
österreichischer Unternehmen bezüglich ihrer "OE"-Erfahrung.
Die Schlußfolgerungen aus den Ergebnissen des Projektes werden in

Kapitel 5 zusammengefaßt.

Kapitel 6 stellt Prinzipien von Organisationsentwicklung dar.

In Kapitel 7 wird Organisationsentwicklung aus dem Blickwinkel der Transaktionsanalyse beleuchtet.

Kapitel 8 befaßt sich mit Organisationsentwicklung aus gestalttheoretischer Sicht.

Kapitel 9 beschreibt die Entstehungsgeschichte und den Ablauf des Projektes.

Kapitel 10 schildert die Entwicklung der Regionalgruppe Österreich der Gesellschaft für Organisationsentwicklung bzw. des Offenen Arbeitskreises Organisationsentwicklung.

Kapitel 1
Anmerkungen zur Vorgangsweise

Norbert Kailer

Ziel der Studie war es, Führungskräfte in Form von Intensiv-Interviews zum Thema "Organisationsentwicklung" zu befragen. Die Interviews sollten von OE-Beratern (Mitgliedern der Regionalgruppe Österreich) durchgeführt werden.

Um Interviewereffekte zu minimieren, gingen wir davon aus, daß eine Zufallsauswahl der Gesprächspartner (Mitglieder des Wirtschaftsforums der Führungskräfte, einer Vereinigung österreichischer Manager) erfolgen sollte; weiters sollte kein Interviewer Firmen, in denen er bereits tätig war, oder Personen, mit denen er bereits zusammenarbeitete, befragen.

In einer kleinen Vorbereitungsgruppe wurde ein Fragenkatalog erarbeitet. Erhoben werden sollten Informationen über:

* Assoziationen, die mit dem Begriff "OE" verbunden wurden

* den Wissensstand bezüglich OE, ZOE (Zeitschrift für OE) und GOE (Gesellschaft für OE)

* Vorstellungen über Ablauf, Kosten und Zeitbedarf von OE-Projekten

* das Bild, das sich die Befragten von einem OE-Berater machen (sein vermutetes Menschenbild, erforderliche Qualifikationen)

* Aufgaben- und Einsatzgebiete von Beratern im allgemeinen

Jeder der ursprünglich 15 Interviewer erhielt Adressen, aus denen je drei Interviews persönlich vereinbart und durchgeführt werden sollten. Die in Frage kommenden Personen wurden dabei zuerst durch ein kurzes Anschreiben der Gesellschaft für Organisationsentwicklung (GOE) über das Projekt informiert.

Die Gesprächsergebnisse wurden von den Interviewern schriftlich dokumentiert und sollten zuerst in Kleingruppen von je etwa 5 Personen ausgewertet werden. Die weitere Verdichtung der Interviewergebnisse sollte in Form von Kleingruppen von je etwa vier Interviewern erfolgen. Da im Zuge des Projektes eine Reihe von Interviewern ausfiel, konnte dies nur teilweise realisiert werden.

Die Erhebungsphase begann 1987, ein gemeinsamer Workshop zur Zusammenfassung der Ergebnisse wurde im Dezember 1988 abgehalten, danach wurden die vorliegenden Beiträge verfaßt. Um die Ergebnisse möglichst aussagekräftig darzustellen, wurden sie bewußt durchgehend mit wörtlichen Zitaten aus den Interviews illustriert.

Bei der Ansprache der Interviewpartner gab es neben einigen Ausfällen (Austritt aus dem Unternehmen, Versetzung ins Ausland, verstorben) auch acht "Verweigerungen". Als Begründung wurde vor allem "Zeitmangel" genannt, aber auch "kein Interesse" bzw. "fühle mich nicht kompetent". In einem Fall wurde die Interviewerin an eine Auskunftsperson weitergereicht, "die besser befähigt ist", in zwei anderen Fällen kam trotz mehrmaliger Nachfrage kein Termin zustande.

Zusätzliche Informationen ergaben sich aus einer mündlichen Befragung von acht Führungskräften (Projektleiter und -mitarbeiter verschiedener Abteilungen aus Großunternehmen der Industrie, Bank und der öffentlichen Verwaltung) im Rahmen eines mehrtägigen überbetrieblichen Management-Seminares durch einen der Berater, durch eine schriftliche Befragung von 36 Leiter/innen von sozialen Institutionen sowie eine Auswertung einer schriftlichen Unternehmensbefragung.

Insgesamt wurden mit 22 Führungskräften aus österreichischen Unternehmen persönliche Interviews durch die Berater/innen geführt.

Die Gruppe der befragten Manager kann folgendermaßen charakterisiert werden:
Hierarchisch gesehen zählten zur ersten Ebene (Unternehmensleitung, Vorstand, Geschäftsführer) sechs Personen, zur zweiten Ebene (Direktor, Prokurist, Hauptabteilungsleiter) acht Interviewte, der Rest war auf Abteilungsleiter-Ebene angesiedelt.
Vier der Interviewten kamen aus dem Personal- bzw. Organisationsbereich.

Die Interviews dauerten zwischen 45 Minuten und drei Stunden, die meisten ca. eine Stunde.

Nach Wirtschaftszweigen aufgegliedert wurden Unternehmen folgender Bereiche befragt: Bank, Grundstoff- und Verarbeitungsindustrie, Elektronik, Verlagswesen, Druckerei, Nahrungsmittel, Chemie, Pharmazie, Papierindustrie, energieversorgende Unternehmen, Dienstleistungen, Spedition, metallverarbeitende Industrie.

Fünf der in die Erhebung einbezogenen Unternehmen hatten zwischen 1.000 und 2.000 Mitarbeiter, ebenfalls fünf zwischen 500 und 1.000 Mitarbeiter, die anderen Unternehmen zwischen 200 und 500 Mitarbeiter.

Kapitel 2
Ergebnisse der Interviews
mit Führungskräften

Hannes Piber (1., 2.),
Elfriede Biehal-Heimburger (3., 4.)
Werner Vogelauer (5.)
Hans von Sassen (6.)

1. Assoziationen zum Begriff "Organisationsentwicklung"

Auf die einleitende Frage "Was fällt Ihnen zum Begriff Organisationsentwicklung ein?" kamen im wesentlichen vier Kategorien von Antworten:

1. **Assoziation mit dem Begriff "Organisation" im funktionellen Sinne:**
   OE wird mit traditioneller Organisationsarbeit in Verbindung gebracht: Projektmanagement, Organigramme, Stellenbeschreibungen, Strukturveränderung, Rationalisierungsmaßnahmen, EDV-Organisation; auch gepaart mit Vorstellungen über die Beteiligung von Mitarbeitern.

2. **"Freie" Assoziation und ungeplante Veränderung:**
   Die zweitgrößte Gruppe von Antworten könnte man als allgemeines "Herumreden" zusammenfassen. Die Befragten kennen die Begriffe "Organisation" und "Entwicklung" und glauben, damit auch Organisationsentwicklung zu kennen, oder sie gestehen nicht ein, daß ihnen OE unbekannt ist. Mangelndes Wissen soll durch abstraktes Gerede kaschiert werden. Einige philosophieren über Entwicklung und sagen: "Entwicklung passiert ja automatisch, ohne daß wir etwas dazu tun müßten." Ein Manager z.B. sprach von Zellteilung und permanenter Veränderung der Gestalt.

3. **OE als ganzheitlicher Veränderungsprozeß**:
   Sechs der insgesamt 22 Befragten hatten konkretes Wissen über OE (meist aus Seminaren), zwei davon sind interne Berater mit OE-Erfahrungen im eigenen Unternehmen; von diesen Interviewten kamen Assoziationen wie "ganzheitliche Unternehmensentwicklung", "Einbeziehung der Betroffenen" oder "demokratisch angelegtes Veränderungsvorhaben".

4. **Keine Assoziation mit OE**:
   Nur zwei der interviewten Führungskräfte gaben an, sie wüßten nicht, was OE sei.

Um zu verdeutlichen, wie weit das Spektrum der Antworten ist, werden im folgenden typische Assoziationen zu OE angeführt:

Zur eher **traditionellen/funktionellen Auffassung** seien folgende Zitate genannt:

* Einführung einer Matrixstruktur

* Job description; Definition von Arbeitsfeldern

* Anpassung der internen Abläufe an geänderte Bedingungen

* Rationalisierung und optimaler Einsatz von Personal

* OE hat etwas mit technischer Entwicklung zu tun

* OE ist Verwaltungsarbeit

* Marktdurchdringung, straffere Organisation

* Schulung

* Gemeinkostenwertanalyse

* unsere Aufgabe ist die Marktanpassung

* Corporate identity

Diese funktionelle Auffassung wurde bereits bei der ersten Kontaktaufnahme mit den Managern deutlich.

So meinten z.B. einige: "Organisationsentwicklung - da bin ich nicht der richtige Gesprächspartner - reden Sie mit den Leuten der Organisationsabteilung."

Bemerkenswert ist, daß einige Interviewte sinngemäß antworteten: "Wir nennen es jetzt OE, machen es aber wie bisher." Es wurde ein Begriff übernommen, ohne daß sich im Verständnis der Veränderungsarbeit etwas geändert hatte. Typisch dafür ist auch das Zitat eines Projektverantwortlichen: "Der Vorstand redet jetzt immer von dynamischer Organisationsentwicklung, auf unsere Arbeit hat sich das nicht ausgewirkt."

Zum Begriff (ungeplante) Entwicklung gab es z.B. die folgenden Aussagen:

* Unternehmungen entwickeln sich einfach. Sie sind ja nicht statisch.

* Entwicklung passiert ohnedies, egal ob es Personal-, Organisations- oder Unternehmensentwicklung heißt.

* OE ist alles das, was an Veränderung im Unternehmen passiert.

Zur zweiten Kategorie der ("freien") Assoziationen zählen noch die eher abstrakten Floskeln:

* OE wird zu sehr theoretisch behandelt; praktische OE wird zuwenig betrieben

* sich die eigene Lage bewußt machen

* permanentes Fortschreiben von Strukturveränderungen

* zusammenfassen der Maßnahmen, um zum Betriebsziel zu gelangen.

Assoziationen, die einiges Wissen oder Erfahrung über bzw. mit Organisationsentwicklung vermuten lassen, weil sie entweder das eine oder andere Prinzip der OE-Arbeit andeuten oder das Prozeßhafte betonen, sind im wesentlichen:

* Abkehr von der Autorität

* Entwicklung zum Generalisten

* Zusammenführung aller Themenkreise in gemeinschaftlicher Betrachtung

* OE ist Unternehmensentwicklung, denn unser Unternehmen ist in allen Bereichen - von der Motivation bis zur Administration - nicht auf dem neuesten Stand und es besteht Aufholbedarf.

* Veränderungsarbeit am Menschen und an der Organisation

* Einbeziehung der Betroffenen

* OE ist etwas, wo man nicht weiß, was herauskommt.

* Organisatorische Veränderungen mehrdimensional gesehen: Strukturen, Kommunikation, Arbeitszufriedenheit etc.

* OE ist ständiger Prozeß.

Soweit das Spektrum der Antworten. Einmal mehr: OE ist ein schillernder Begriff.

2. Zum Wissensstand über "Organisationsentwicklung"

Die Frage "Woher kommt Ihr Wissen über OE?" war häufig peinlich und brachte vor allem jene, die vorgaben, sie wüßten, was OE ist, in eine Prüfungssituation.

2.1. Antwortkategorien

Im Prinzip gab es vier Gruppen von Antworten:

* Verweis auf dafür zuständige Spezialabteilung (Organisation oder Personalentwicklung)

* OE ist nichts Besonderes, "das haben wir schon immer gemacht". Die Befragten sind entweder davon überzeugt oder tun so, als ob ihnen der Begriff vertraut wäre. Daraus folgt, daß auf keine konkreten Quellen verwiesen wird: OE ist bereits "Allgemeinwissen", das nicht mehr begründet werden muß. OE ist allgemein die Entwicklung des Unternehmens und kein spezieller Fach-Terminus.

* "OE ist eine neue Welle, eine neue Werbemasche.": Diese Gruppe fühlt sich von Organisations-Literatur überschwemmt, von Fach-Termini verwirrt und entmutigt, sich damit auseinanderzusetzen.

* Die vierte - und bei der vorliegenden Befragung kleinste - Gruppe besitzt offensichtlich konkretes Wissen über OE. Als Informationsquelle werden von diesen Befragten fast ausschließlich "externer Berater" oder "Vorstand" angegeben.

2.2. Informationsquellen

Als Informationsquellen wurden - in der Reihenfolge der Häufigkeit der Nennungen - angegeben:

* Weiterbildungsveranstaltungen/Studium

* Informelle Gespräche mit anderen Führungskräften in Clubs, Vereinigungen etc. (z.B. Management Club, Wirtschaftsforum der Führungskräfte)

* Gespräche mit internen oder externen Beratern

* Persönliche Erfahrungen (Praxis im Unternehmen)

* Literatur
  Auffallend war, daß Literatur - Bücher oder Fachzeitschriften - wenig Bedeutung hatten.

2.3. Lernformen/Vorgehensweisen

Das Wissen über OE wurde durch die anschließende Frage "Welche Lernformen, Vorgangsweisen und Interventionsformen verbinden Sie mit OE?" weiter getestet. Auffallend sind drei Antworttypen:

* Mit OE werden traditionelle Vorgehensweisen und Interventionen assoziiert:
    o OE wird mit EDV-Beratung in Zusammenhang gebracht.
    ɔ "OE ist das gezielte Bearbeiten spezieller Probleme zur Produktivitätssteigerung" und wird nicht als ganzheitlicher Prozeß verstanden.
    o Ratschlag von Experten
    o "Verantwortung und Struktur" genau definieren
    o "Zahlen lesen und verstehen"
    o "Ist-Zustand analysieren, Sollkonzeption erstellen und Weg festlegen". OE wird mit "Lernen" praktisch nicht in Verbindung gebracht.

* Die zweite - etwa gleich große Gruppe wie oben - hat Schwierigkeiten, OE (was immer darunter verstanden wird) an konkreten Vorgehensweisen festzumachen. Dies unterstreicht nur die Verschwommenheit des Begriffs Organisationsentwicklung.

* Nur wenige der Befragten nannten Moderation, ganzheitlicher Lernprozeß oder Prozeßberatung.

Bei einigen Befragten wurde auf die Frage nach Vorgehensweisen und Interventionen eine gewisse Theoriefeindlichkeit deutlich. Typisch dafür ist das folgende Zitat: "Ich habe mich mit OE nie theoretisch beschäftigt, ich mußte Probleme lösen." Ein (anderer) Interviewter vermutete hinter OE eine große wissenschaftlich-theoretische Konzeption, die nur von großen Multis eingesetzt werden kann.

Auch auf die Frage nach Erfahrungen mit OE gibt es wieder drei Antwortkategorien:

* "OE ist ein neues Etikett, das ins Unternehmen kam" - mehrmals wurde der Vorstand genannt, welcher OE proklamiert hatte. Im wesentlichen wird jedoch weiter traditionelle Projektarbeit ge-

macht, dem Initiator zuliebe nennt man es nun OE.

Ein Manager berichtet über eine besonders negative Erfahrung mit einem externen Berater, der versucht hat, "fertige Lösungen über das Unternehmen zu stülpen".

* Alles ist OE - es werden die Erfahrungen des täglichen Organisationslebens reflektiert. OE ist die Entwicklung der Organisation, die ohnedies vonstatten geht.

* Über konkrete Erfahrungen in und mit Projekten, die irgendwie nach OE klingen, berichten nur vier Befragte. Alle vier haben mit Beratern zusammengearbeitet. Die Erfahrung eines der Befragten mit dem externen Berater war sehr schlecht, dies war eben - wie oben angeführt - die "übergestülpte fertige Lösung" - also überhaupt keine OE im eigentlichen Sinne. Die anderen drei berichteten von guten bis sehr guten Erfahrungen. Dazu einige kurze Zitate:

  o "Wir wollten Personalentwicklung in Gang bringen und wollten keinen großen Aufhänger. Als kleinen Mosaikstein haben wir mit Quality Circles begonnen, die nun seit 2,5 Jahren gut laufen."

  o "Wir wollten mehr Dezentralisierung der Entscheidungen und haben mit einer kleinen Gruppe einen Prozeß eingeleitet."

  o "Zu den Seminaren für Mitarbeiter und Vorgesetzte haben wir den Vorstand zu Kamingesprächen eingeladen, um die Umsetzung zu erleichtern."

  o Als positiv wurde vermerkt, daß der Berater die Ideen auf breiter Basis diskutieren ließ.

Aus diesen Erfahrungen ist eher der personelle Ansatz der Organisationsentwicklung herauszulesen; in keinem Fall sind - außer im traditionellen Sinn - strukturelle Veränderungen erwähnt worden.

Die Frage "Kennen Sie andere Unternehmungen, die OE gemacht haben?" wurde - mit zwei Ausnahmen - verneint.

Ebenfalls durchwegs "Leermeldungen" gab es auf die Frage: "Sind Ihnen die GOE, die Regionalgruppe Österreichs der GOE oder die ZOE bekannt?". GOE wurde einmal als Trainingsfirma identifiziert. Nur ein einziger kannte die GOE; er hat Kontakt zur Schweizer Regionalgruppe.

3. Das Beraterbild:
Von Beratern und Beraterinnen erwartete Kompetenzen

Auf die Fragen "Worin sehen Sie die Kompetenzen von OE-Beratern?" und "Wofür glauben Sie, ist ein OE-Berater nicht kompetent?" wurden Fähigkeiten und Eigenschaften von Beratern und Beraterinnen beschrieben, die ich in drei Kategorien untergliedert habe:

* Fachwissen und methodische Fertigkeiten

* konzeptive, strukturierende, organisatorische und prozeßbezogene Fähigkeiten

* soziale Kompetenz und Persönlichkeit.

Bei Führungskräften, die bei dieser Frage vor allem an Fachberater gedacht haben, standen das **Fachwissen und methodische Fertigkeiten** im Vordergrund: Erwartet wurde einerseits Spezialwissen (z.B. EDV-Kenntnisse oder technisches Wissen für bestimmte Fachabteilungen), andererseits aber auch ein Wissensvorrat (von allem etwas), aus dem das Richtige vom Berater/der Beraterin herausgeholt wird.
Fachwissen aus dem betriebs- und volkswirtschaftlichen Sachgebiet (wie z.B. Ablauforganisation, Kenntnisse von Marketing und Corporate Identity) wurde von den meisten Interviewten vorausgesetzt. Außerdem erwartete ca. die Hälfte der Befragten, daß die Berater die Branche oder vergleichbare Unternehmen gut kennen und dort erfolgreich tätig sind.

Die Berater sollten "hochkompetent" sein, was bedeutet, daß sie sich "viel mehr mit ihrem Wissensgebiet auseinandergesetzt haben müssen als z.B. ein Manager, um auch tatsächlich Know-how einbringen zu können".
Ein Befragter hatte die Vorstellung, daß Berater Zugriff zu Daten (welche dies auch immer sein mögen) internationaler Consultants haben und diesen immer neuesten Wissensstand für das zu beratende Unternehmen nutzbringend verwenden.

Der zweite Kompetenzbereich, ich umschreibe ihn mit **konzeptiven, strukturierenden, organisatorischen und prozeßbezogenen Fähigkeiten**, klingt sehr nach dem, was in der Literatur als "beratende" Fähigkeiten (consultant skills) beschrieben wird. Dazu gehört die Fähigkeit, einen Bereich neu organisieren zu können und Zielsetzungen nicht nur zu formulieren, sondern auch umsetzen zu helfen. Diagnosefähigkeiten für eine "Ist-Aufnahme" und Schwachstellenanalyse sind ebenso gefragt wie Umsetzungs-Hilfestellungen für die neuen Vorschläge.

Kritisiert wurde, daß Beratungen z.B. mit dem Anfertigen von Unternehmensberichten beendet werden, wo "drin steht, was alles nicht funktioniert", die aber in der Schublade des Chefs verschwinden und keine weiteren Folgen haben außer der Enttäuschung und Resignation der betroffenen Mitarbeiter. Von den meisten Interviewten wurden konkrete Vorschläge für alternative Wege vom Berater erwartet. Ein Befragter erwartete, daß sich diese Vorschläge nicht auf "personenabhängige innerbetriebliche Probleme und Organisationsstrukturen" beziehen sollten: "Wenn bestimmte Positionen und Personen nicht in Frage gestellt werden dürfen, gibt es keine Möglichkeit, und der Berater ist dafür nicht kompetent." Nahezu die Hälfte der Befragten zählt Prozeßverständnis zu den Kompetenzen des OE-Beraters: d.h. Prozesse analysieren und stimulieren zu können, sich jedoch nicht auf gruppendynamische Aktivitäten zu beschränken.

Erwartet wurden zugeschnittene Lösungen und Konzepte. Als Negativbild wird ein Berater beschrieben, der sich "aufgrund seiner Erfahrungen in einem ersten Gespräch sehr schnell ein Bild macht" und etwas vorschlägt, was "er schon einmal gehabt hat, das schon mal funktioniert hat", aber "diesesmal nicht funktioniert, und dann fangen die Probleme erst an".

Die Erfahrungen der Berater/innen mit anderen Organisationen werden dennoch geschätzt. Sie ermöglichen Vergleiche und helfen u.U., negative Erlebnisse zu verhindern: "Der Berater hat gesehen, wie und was bei anderen geht oder nicht."

Die Verantwortung für das Handeln bleibt aber beim Auftraggeber - "Der Berater sollte diese Verantwortung nie abnehmen!", meinte ein Interviewter. Im Vergleich zu einem internen Berater wird der externe in einem Fall als "der Prophet von außen" gesehen, der "mehr zählt als sein interner Kollege und dafür sorgt, daß Problemdruck entsteht und die Arbeit angegangen werden kann. Die Kleinarbeit wird aber vom internen gemacht."

Das Eigenschaftsprofil, das mit **sozialer Kompetenz und Persönlichkeit** umschrieben wird, umfaßt folgende Vorstellungen:

* kontaktfähig sein, beeinflussen können

* gesunder Menschenverstand

* die Fähigkeit, ausgleichend zu wirken und nicht die Zielsetzungen eines Teilbereiches favorisieren

* sein eigenes Wissen hinterfragen können

* persönliche Ausstrahlungs- und Überzeugungskraft haben

4. Zukünftige Aufgabenfelder für Berater/innen

Unsere Frage lautete: "Welche Beratungsleistungen werden Ihrer Meinung nach in Zukunft für die meisten Unternehmen gebraucht werden?"
Ich versuche, zu dieser Fragestellung eine möglichst umfassende Auflistung aller Nennungen zu geben. Da diese Frage eine der letzten des Fragebogens war, gab es leider nicht in allen Interviews Aussagen dazu. Genannt wurden:

* unternehmerisches Denken entwickeln helfen "mit dem Unternehmen als Ganzes"

* aktuelle Kommunikationsmöglichkeiten benützen helfen (z.B. EDV) und dies als Ausgangspunkt für OE nützen

* sich mit "Verhaltensweisen schlechthin" befassen, u.a. mit dem Ziel, Menschen besser einschätzen zu können

* Unterstützung für Exportgeschäfte

* Unterstützung für Innovationen und Forschung, z.B. "aufzeigen, wie und wo mit wenig Mitteln Forschung betrieben werden kann"

* Fragen der Veränderung der Unternehmenskultur

* Fragen der interdisziplinären Zusammenarbeit

* Aufbau einer funktionsfähigen Ablauforganisation und einer tragfähigen Führungsmannschaft (von Befragten aus Klein- und Mittelbetrieben)

* Entbürokratisierung und Gemeinkosten-Wertanalyse

* wie die Prinzipien der OE auf Rationalisierungsmaßnahmen anzuwenden seien

* Marketing

* Einführung komplexer Systeme und Technologien mit Methoden der OE.

5. Konkrete Erfahrungen mit Änderungsprojekten: Muster von Veränderungsweisen

Die in der vorliegenden Untersuchung angeführten und besprochenen beruflichen Änderungsprojekte möchte ich anhand von drei Dimensionen durchleuchten. Diese Dimensionen sind **intuitiv - rational, geplant - ungeplant** und **Fachberatung - ganzheitliche Beratung**. In der Organisationsentwicklung sind die genannten Merkmale wichtige Indizien für die Art und Weise des Vorgehens.

1. Dimension: intuitiv - rational

Die meisten von den genannten OE- und OE-ähnlichen Projekten lassen sich als rational organisierte Vorgehensweisen bezeichnen. ("Wir erwarten betriebswirtschaftliche Auswirkungen - wir wollten das Projekt eher pragmatisch angehen." oder: "Bericht und Vorschlag klangen gut ...", "... weitererzählt ... Großteil auch geschehen ...", "... indem man plötzlich mitkriegt, daß da irgend ein Wandel in Gang gesetzt wurde.")

2. Dimension: geplant - ungeplant

Begonnen haben die meisten Projekte, wie aus den Informationen ersichtlich ist, mit einer klaren Vorstellung über Start und Vorgehensweise ("geplant"). Beispielsweise: "Ankündigung und Information bis zur Basis. Man wußte, worum es geht.", "Lagerhalle-Projektgruppe ... verbindliche Erklärungen und Ergebnisse ...", "OE muß ständig betrieben werden ...".

Es gab aber auch Hinweise auf ungeplantes bis "Ho-Ruck-Vorgehen" ("Bei uns wurde ohnehin ständig umorganisiert, seit zwei Jahren heißt das ... OE ...", "Begonnen hat's mit Wissenschaftern ... mit tiefenpsychologischen Interviews, ob Bereitschaft da ist, dann ein Kooperationstraining ...", "Unsere Prozesse haben sich eingespielt, sind jedoch nicht festgeschrieben ...", "Steter Tropfen höhlt den Stein ... immer wieder darüber reden ...").

Es ist interessant festzustellen, daß bei den umfassenden Beispielen von Änderungsprozessen "planned change" (geplanter Wandel) im Vordergrund steht. Die betriebswirtschaftliche Ausrichtung ist wesentlich. Daneben bleibt allerdings in einigen Projekten Freiraum für situative Veränderungen.

3. Dimension: Fachberatung - ganzheitliche Beratung

In drei Fällen kann von einer klassischen Fachberatung ausgegangen werden ("Fachexperten, aber gut koordiniert", "Veränderung kommt von der Unternehmensleitung oder vom Markt ...", "Beratung ... ist Know-how-geben ...", "... unser (EDV-)Organisator ...").

Es sind Tendenzen zu einer Einbeziehung von ganzheitlicher Orientierung erkennbar ("Entwicklungs-Workshops", "nur Teilschritte, da Komplexes nicht auf einmal umsetzbar ...").

Zwei Projekte scheinen nach den Kriterien ganzheitlicher Beratung in

Angriff genommen worden zu sein ("OE-Kreis ... Mitarbeitermeinung ... wir gingen in Tiefe und Breite", "Projektteam ... unterschiedlich zusammengesetzt ...").

Für die Zukunft scheint ein Wandel von Fachberatung hin zu mehr ganzheitlicher Beratung stattzufinden. Fachbereiche wie Marketing oder Reorganisation/Rationalisierung werden in Beziehung gesetzt zur Einbindung von Mitarbeitern oder zu interdisziplinärer Zusammenarbeit.

6. Zusammenfassung der Projektergebnisse

6.1. Assoziationen zum Begriff "Organisationsentwicklung""

Auf die einleitende Frage: "Was fällt Ihnen zum Begriff OE ein?", kamen im wesentlichen folgende Kategorien von Antworten:

* Stellenbeschreibungen, Organigramme, Strukturveränderung, Rationalisierungsmaßnahmen usw. OE wird hier also mit traditioneller Organisationsarbeit gleichgestellt. Dies ist auch die größte Gruppe.

* OE = ungeplante Veränderung; z.B.: "Entwicklung passiert ja automatisch, ohne daß wir etwas dazu tun müßten."

* Unklare, abstrakte oder ganz unzutreffende Antworten; z.B.:
  o sich die eigene Lage bewußt machen.
  o OE hat mit technischer Entwicklung zu tun.
  o OE ist Verwaltungsarbeit.
  o OE ist Marktdurchdringung, Marktanpassung.
  o OE ist Schulung.
  o OE ist Gemeinkosten-Wertanalyse.
  o OE ist Corporate Identity.

* Ungefähr 25 % sind über OE informiert (zwei davon sind interne Berater); Aussagen sind z.B.:
  o Einbeziehung der Betroffenen

24

- o demokratisch angelegtes Veränderungsvorhaben
- o organisatorische Veränderungen mehrdimensional gesehen: Strukturen, Kommunikation, Arbeitszufriedenheit etc.
- o OE ist ständiger Prozeß

Zwei Befragte gaben an, nicht zu wissen, was OE sei, ein Manager verwies auf die Organisationsabteilung.

6.2. Wissensstand über Organisationsentwicklung

Als **Informationsquellen** wurden vor allem Weiterbildungsveranstaltungen und Studium sowie informelle Gespräche mit anderen Führungskräften in Clubs und Vereinigungen (z.B. Management Club, Wirtschaftsforum der Führungskräfte) genannt, weiters Gespräche mit internen oder externen Beratern sowie seltener Erfahrungen (im Unternehmen) und Literatur.

Die Art der Antworten hängt meistens zusammen mit der Vorstellung, die die Betreffenden von OE haben. Diese lassen sich in vier Gruppen unterscheiden:

* Verweis auf dafür zuständige Abteilung (Organisations- oder Personalentwicklung): "Die wissen das."

* "OE haben wir immer schon gemacht."
  Es wird also als "Allgemeinwissen" angesehen, für das keine besondere Quelle anzugeben ist außer der täglichen Erfahrung.

* "OE ist eine neue Welle, eine neue Werbemasche."
  Diese Gruppe ist von der Fülle der Management-/Organisationsliteratur und der Fachausdrücke verwirrt. Sie kann also den Begriff OE weder abgrenzen noch einordnen.

* Diejenigen, die OE kennen, geben als Informationsquelle fast ausschließlich externe Berater oder Vorstand an.

Auch auf die Frage nach den **Lernformen und Vorgangsweisen**, welche die Befragten mit OE verbinden, gab es drei Antworten:

* Wer OE mit traditioneller Reorganisation gleichsetzt, für den ist OE-Beratung:
  ○ Ratschlag von Experten
  ○ Ist-Zustand analysieren, Soll-Konzeption erstellen, Weg festlegen
  ○ Verantwortung und Struktur genau definieren
  ○ spezielle Probleme zur Produktionssteigerung bearbeiten
  ○ EDV-Beratung
  ○ Zahlen lesen und verstehen.

* Die zweite (ca. gleich große) Gruppe hat Schwierigkeiten, OE an bestimmte Vorgehensweisen festzumachen.

* Drei der Befragten nennen Moderation, glanzheitlicher Lernprozeß, Prozeßberatung.

Einige verbinden mit OE die Vorstellung "(zu) theoretisch":
"OE ist eine wissenschaftlich-theoretische Konzeption, die nur von großen Multis eingesetzt werden kann."

Auch die Antworten auf die Frage nach **persönlichen "Erfahrungen" mit OE** lassen wieder dieselben drei Gruppen erkennen:

* "OE ist ein neues Etikett, das ins Unternehmen kam, der Vorstand hat es proklamiert. Wir machen weiter die übliche Projektarbeit, nur nennen wir es jetzt OE." (also eigentlich keine Erfahrung mit OE!)

* "Wir machen ständig Erfahrungen, indem wir die täglichen Probleme des Organisationslebens reflektieren."

* Vier Befragte berichten über Erfahrungen mit OE-Projekten im Unternehmen.

Andere Unternehmen mit OE-Projekten waren nur zwei Personen bekannt.

6.3. Das Beraterbild

Die Antworten auf die Frage nach den Erwartungen an OE-Berater, nach (vermuteten) Fähigkeiten und möglichen Grenzen der Kompetenz können in drei Hauptgruppen untergliedert werden:

* Fachwissen und methodische Fähigkeiten

* konzeptive, strukturierende, organisatorische und prozeßbezogene Fähigkeiten

* soziale Kompetenz und Persönlichkeit

6.3.1. Fachwissen und methodische Fähigkeiten

Für diejenigen, die OE mit Fachberatung gleichsetzen, stehen Fachwissen und Methoden im Vordergrund. Erwartet wird entweder "allgemeines Wissen" über Arbeitsorganisationen oder Spezialkenntnisse (z.B. EDV). Ca. die Hälfte der Befragten erwartet, daß der Berater die Branche oder vergleichbare Unternehmen kennt (und dort erfolgreich tätig ist).

6.3.2. Konzeptive Kompetenzen

Dazu wurden folgende Aussagen getroffen:

* Zielsetzungen nicht nur formulieren können, sondern auch umsetzen helfen

* zugeschnittene Lösungen und Konzepte einbringen

* eine Ist-Aufnahme und Schwachstellenanalyse machen können und Hilfestellung für die Umsetzung

* einen Bereich neu organisieren können

* konkrete Vorschläge liefern für alternative Wege

* Prozeßverständnis, d.h. Prozesse analysieren und stimulieren können. Dies erwartete nahezu die Hälfte der Befragten, auch mit dem Zusatz, daß sich dieses Prozeßverständnis nicht nur auf gruppendynamische Prozesse beschränken solle.

6.3.3. Soziale Kompetenz

Zur Frage der sozialen Kompetenz und Persönlichkeit gibt es weniger Aussagen:

* Kontaktfähig sein, beeinflussen können

* gesunder Menschenverstand

* Fähigkeit, ausgleichend zu wirken und nicht die Zielsetzungen eines Teilbereiches favorisieren

* sein eigenes Wissen hinterfragen können

* persönliche Ausstrahlungs- und Überzeugungskraft haben

6.4. Zukünftige Aufgabenfelder für Berater/innen

Auf die Frage nach in der Zukunft von Unternehmen benötigten Beratungsleistungen kam ein breites Spektrum von Antworten, die eher in Richtung der eigentlichen OE gehen, z.B.

* unternehmerisches Denken entwickeln helfen "mit dem Unternehmen als Ganzes"

* heutige Kommunikationsmöglichkeiten benützen helfen (z.B. EDV) und dies als Ausgangspunkt für OE nützen

* sich mit "Verhaltensweisen schlechthin" befassen, u.a. mit dem Ziel, "Menschen besser einschätzen zu können"

* Fragen der Veränderung der Unternehmenskultur

* Fragen der interdisziplinären Zusammenarbeit

* Aufbau einer funktionsfähigen Ablauforganisation und einer tragfähigen Führungsmannschaft (von Befragten aus Klein- und Mittelbetrieben genannt)

* wie die Prinzipien der OE auf Rationalisierungsmaßnahmen anzuwenden wären

* Einführung komplexer Systeme und Technologien mit Methoden der OE

Kapitel 3
Ergebnisse einer Befragung von Leitern und Leiterinnen sozialer Institutionen

Elfriede Biehal-Heimburger

In diesem Kapitel werden die Ergebnisse einer Befragung von 36 Leiterinnen und Leitern sozialer Institutionen wie Pensionisten-, Kinder-, Behinderten oder Obdachlosenheime zusammengefaßt.

Zum Unterschied von den Führungskräften, die einzeln interviewt wurden, wurden die Leiter und Leiterinnen als Gruppe im Rahmen eines Weiterbildungslehrganges befragt. Es handelte sich damit um keine Zufallsauswahl, sondern bei den befragten Weiterbildungsteilnehmern kann ein Interesse an Entwicklungsprozessen und damit auch eine gewisse Kenntnis einschlägiger Literatur angenommen werden.

Die Fragen wurden mündlich gestellt, sodaß Rückfragen möglich waren, beantwortet wurde jedoch schriftlich. Diese schriftlichen Antworten wurden sofort nach der Befragung eingesammelt (nach ca. 1,5 Stunden), sodaß es sich um kurze, direkte und spontane Antworten handelte.

1. Assoziationen zum Begriff "Organisationsentwicklung"

Die häufigsten Assoziationen zu OE waren die Begriffe "Strukturierung", "Aufbau" und "Entwicklung" eines Betriebes. Dazu gehört die Erstellung eines Organigramms, eines "Rahmens" oder einer Hierarchie in einem Unternehmen sowie "genaue schriftliche Regelungen und Vereinbarungen".

Andere Assoziationen eher in die Richtung des Entwicklungsgedankens waren: Entwicklungsphasen, dynamischer Prozeß, Krisen, Zukunftsausrichtung, Erweiterung von Bestehendem, Fortschritt, Organisation eines Chaos, Entfaltungsmöglichkeit und "hört nie auf".

Auf die Art und Weise des Vorgehens bei einer OE beziehen sich wohl Assoziationen wie: Organisation durchleuchten, betriebliche Weiterbildung, Konzepte erstellen, Ziele setzen, auf Strukturen achtgeben, Analyse, Hintergründe für Situationen im Betrieb kennen, methods of procedure.

Hinweise auf gewünschte Kontakt- und Kommunikationsformen in einem OE-Prozeß könnten in Assoziationen stecken wie: Verständnis, Solidarität, "Fachleute in Krisensituationen hereinziehen" oder "über eigenen Standpunkt nachdenken".

Auf welch unterschiedlichem Abstraktionsniveau sich die Ideen zur OE insgesamt bewegten, zeigen Assoziationen wie "finanzielle Grenzen einhalten lernen" oder "rechtliche Vereinbarungen" einerseits, gegenüber "Picasso - surrealistisch verschwommener Begriff" andererseits.

Zu der Frage nach den Lern- und Interventionsformen in einem OE-Prozeß fielen etwa der Hälfte der Befragten Formen ein wie: Gruppen- und Mitarbeitergespräche, Seminare, Schulungen, Einzelarbeit, Selbstinformation, theoretischer Unterricht, Modelle und Beispiele, Form eines Spiels oder Phantasien zu möglichen Entwicklungsschritten.

2. Zum Wissensstand über "Organisationsentwicklung"

Konkrete Erfahrungen mit OE, mit externen Beratern/innen sowie Vorstellungen über den Ablauf von OE-Prozessen hatten ca. 15 % der Befragten Leiter/innen.

Sie skizzierten den Prozeß auf folgende Weise:

* Gespräche mit Mitarbeitern, um die Bereitschaft auszuloten, den Vorstand zu Schulungen schicken, sich mit den Betroffenen und verantwortlichen Trägern absprechen.

* genaue Analyse der Probleme, Durchleuchten des derzeitigen Systems sowie der Hierarchie und der eigenen Situation, Standortbestimmung der eigenen Person

* Bedarfserhebung und Beschreibung eigener Ziele

* Grundvorstellungen über mögliche Strukturen entwerfen, das Aufstellen eines Organigramms, Aufgabenbereiche festlegen und strukturieren.

Ungefähr ein Viertel der Befragten meinte, daß sie beim Aufbau einer Gruppe oder einer Werkstätte so etwas wie OE erlebt hätten.

OE müßte - nach Meinung der meisten Befragten - bei dem Träger und dem Vorstand der Institution ansetzen. Am zweithäufigsten werden Ansatzpunkte für OE bei der Personalauswahl und Personalstruktur gesehen. Einzelne sind der Meinung, daß die Wahl eines Standortes, die Neuorganisation einer Einrichtung, ein Chaos oder Überforderung von Mitarbeitern Ansatzpunkte für OE sein könnten.

Die Zeitschrift für Organisationsentwicklung (ZOE) oder die Gesellschaft für Organisationsentwicklung (GOE) waren dem Namen nach nur einer Person bekannt.

Welche Vorstellungen von Entwicklung im weiteren Sinn haben die befragten Leiter/innen?
Entwicklung wird in der Verbesserung und Neugliederung einer Organisation gesehen. Dies beinhaltet, daß Kompetenzen klar verteilt werden und klarere Strukturen im horizontalen und vertikalen Bereich geschaffen werden. Mehr Qualität statt Quantität, Verbesserung der Klientenbetreuung, gesellschaftspolitisch tätig sein und die Öffentlichkeitsarbeit verstärken sind andere Vorstellungen von Entwicklung.
Ziele einer derartigen Entwicklung könnten sein: Die Verbesserung der Lebensqualität der Klienten, befriedigendere Arbeitsbedingungen und bessere Qualifikation für die Mitarbeiter, selbständig agieren können, Werkstätten erweitern und der Einrichtung "einen entsprechenden Stellenwert" geben.

Nahezu alle Befragten waren der Überzeugung, daß Entwicklung kein Ende habe oder nur vorläufig abgeschlossen wäre, wenn die beschriebenen Ziele erreicht wären.

3. Was kann Organisationsentwicklung bringen und was nicht?

Arbeitserleichterung und Veränderungsmöglichkeit war die häufigste Antwort auf diese Frage. Einzelne nannten außerdem: Transparenz, produktive Teamarbeit, klarere Entscheidungsfindung, gezieltes Planen, exaktere Betriebsführung, mehr Eigenverantwortlichkeit durch Rollenverteilung, vom alten Weg Abstand nehmen und neue Wege sehen, gezielter und effektiver Aufbau einer bzw. meiner Entwicklung, phantasievolles und besseres Zusammenarbeiten, Fehler vermeiden helfen, Reflexion des Ist-Zustandes und Verbesserungen im Betriebsablauf auf der Basis von Gesprächen mit Mitarbeitern.

OE kann aber nicht die eigenen Entscheidungen und das eigene Handeln abnehmen - darin waren sich die meisten der Befragten einig. Außerdem kann OE nicht (nach einzelnen Nennungen): Arbeitsplätze sichern, Gefühle verändern, Spannungsfelder in einer Hierarchie auflösen, zwischenmenschliche Konflikte lösen, sichere Ergebnisse, perfekte Strukturen und fertige Lösungen liefern.

4. Das Beraterbild aus der Sicht von Leiter/innen von sozialen Institutionen

Die Antworten wurden wieder den drei Kategorien (siehe Abschnitt 3.3.) zugeordnet:

4.1. Fachwissen und methodische Fertigkeiten

Die meisten der befragten Leiter/innen betonen, keine Rezepte zu erwarten, jedoch die "Fachkompetenz" der Berater/innen nutzen zu wollen für

* die Klärung von Abläufen, Kompetenzregelungen, Erarbeitung von Maßnahmenkatalogen

* mehr "know-how" und mehr Sicherheit

* genaue Anweisungen im wirtschaftlichen Bereich

* fachliche Ausbildung und weltweite Information

* Fachinteressen (pädagogisches Interesse) vertreten.

4.2. Konzeptive, prozeßbezogene Fähigkeiten

Die Leiter/innen erwarteten in diesem Feld am meisten von einer Beratung. Passend zu ihren Aufgaben im sozialen Dienstleistungsbereich wurden genannt:

* Analyse der Ist-Situation, Entscheidungsvorbereitung

* "Über- und Einblick unter stärkerer Berücksichtigung der menschlichen Aspekte von Mitarbeitern im Betrieb"

* Gesamtüberblick, Anregungen

* Konfliktumgang verbessern

* Gruppenführung, -dynamik

* neue Ideen, neue Wege aufzeigen, Vorschläge, jedoch "Zurückhaltung in Entscheidungen"

* Supervision

* Impulse setzen, "Probleme sehen", Psychologe sein

* Lage soll vertraut sein, sparsam mit vorhandenen Mitteln umgehen, Team leiten können

* wirtschaftliche und psychologische Fähigkeiten

* soll starre Strukturen auflösen können

* Vorschläge zur besseren Betriebsführung und zu einer adäquaten Strukturierung, ohne fertiges Konzept vorzulegen.

Außerdem erwarteten die Leiter/innen von Beratern/innen, daß sie systematische Einsicht in Zusammenhänge haben, bei der Zielfindung helfen, Lernprozesse initiieren, Effektivität steigern und die Zufriedenheit mit der Arbeit fördern helfen sollten. Vom Blickwinkel des Externen erwarteten sie mehr Klarheit über ihren Betrieb und die Reduzierung der eigenen Betriebsblindheit.

4.3. Soziale Kompetenz und Persönlichkeit

An erster Stelle genannt, d.h. am häufigsten gewünscht, wurden Offenheit (z.B. auch über Fehlorganisation), Beweglichkeit, Erfahrung und Zeit.
Genannt wurden außerdem:

* zukunftsorientiert sein

* unbeeinflußbar, vielseitig und klar sein

* gute Beziehungen, Vertrauen

* Zusammenarbeit, Kooperation

* Engagement, Bereitschaft

* Konsequenz in der Durchführung von Maßnahmen und die Fähigkeit, Situationen kritisch hinterfragen zu können.

Widerstand gegen OE wurde am häufigsten vom Vorstand bzw. der "übergeordneten Stelle" erwartet. Einzelne nannten "Sesselhocker", "alteingesessenes Personal" oder den "Arbeitsaufwand von Mitarbeitern" als mögliche Quelle des Widerstandes.

4.4. Zukünftige Aufgabenfelder

Zu dieser Fragestellung "Welche Beratungsleistungen werden Ihrer Meinung nach in der Zukunft für die meisten Unternehmen gebraucht werden?" standen uns wenige Antworten zur Verfügung.

Von den befragten Leitern und Leiterinnen erhielten wir 16 schriftliche Rückmeldungen.
Am häufigsten (3x) genannt wurde Supervision, zweimal genannt wurden organisatorische und wirtschaftliche Beratung, Personalpolitik/ Umwelt. Zum Thema "Personal" formulierte ein Befragter "Optimaler Personaleinsatz unter Wirtschaftlichkeit und unter Berücksichtigung der sozialen Aspekte der Klienten".

Jeweils einmal genannt wurden:

* Teamfähigkeit, Transparenz, Angstabbau, Motivation, Strukturen

* Lehrgänge

* Öffentlichkeitsarbeit

* Persönlichkeitsberatung

* pädagogische, psychologische, therapeutische Beratung

* Strukturierungshilfen

* Finanzierungshilfen

* Bedarfserhebung

Wie würden die Befragten vorgehen, um zu geeigneten OE-Beratern zu kommen?
Die meisten würden sich an bekannte Privatpersonen wenden, von denen sie annehmen, daß sie OE-Berater/innen sind oder kennen.

Managementberatungsfirmen, Handelskammern, Betriebsrat, Landesregierung, Caritas-Organisation, WIFI oder andere Institutionen mit Beratungserfahrung kämen ebenfalls als Auskunftsorgane in Frage. Die meisten würden mehrere Berater/innen bevorzugen.

5. Zur Dauer und zu den Kosten eines Organisationsentwicklungs-Prozesses

Welche Vorstellungen zur Dauer eines OE-Prozesses gibt es bei dieser befragten Gruppe?
Am häufigsten wurde "ein Jahr mindestens" und drei bis fünf Jahre" angegeben. Einzelangaben variierten von einem halben Jahr bis zur Überzeugung, daß ein OE-Prozeß nie ganz aufhören darf. "Wenn die Beteiligten einsichtig sind, ein Jahr, sonst zehn Jahre" war ebenfalls eine Einzelmeinung.

Wie schätzten die Befragten die Kosten eines OE-Prozesses?
Die meisten machten ein Fragezeichen als Antwort auf diese Frage. Gingen die Antworten über "Energie, Engagement und Zeit" hinaus, bewegten sich die Schätzungen zwischen 200,-- ÖS/Stunde bis zu 50 Mio ÖS für das gesamte OE-Projekt.

Recht typisch für soziale Institutionen, in denen es zum Teil selbstverständlich ist, sich für die Arbeit berufen zu fühlen und sogar einen Teil des Privatlebens für die (oft schlecht bezahlte) Arbeit zu opfern, war die Meinung, daß es nichts kosten darf - außer einigen Stunden Energie wöchentlich, z.B. zwei Stunden oder Überstunden.

Auf die Frage, wieviel sie selbst für eine OE bereit wären zu investieren, gab es - neben den vielen Fragezeichen - als Antwort Beträge, die sich in der Höhe von 60.000 ÖS bis zu 40 Mio ÖS bewegten; sowie nicht in Geld ausgedrückte Werte wie eine Stunde pro Woche, einige Wochenenden, fünf bis zehn bezahlte Überstunden oder "wenn überzeugt, dann alles investieren".

Einige Leiter/innen sahen einen Zusammenhang zwischen den Kosten eines OE-Prozesses und dem zu erwartenden Widerstand gegen OE: "Bei zu großen Kosten ist Widerstand vom Geschäftsführer zu erwarten."

Kapitel 4
Erfahrungen mit Organisationsentwicklung in Österreich:
Ergebnisse einer schriftlichen Unternehmensbefragung

Norbert Kailer

Aufgrund der Ergebnisse der Interviews mit Managern bzw. Leiter/innen sozialer Institutionen erschien mir eine Gegenüberstellung der Daten mit den Ergebnissen einer österreichweiten schriftlichen Unternehmensbefragung[1] reizvoll. An dieser Stelle soll kein Überblick über die Ergebnisse gegeben werden, sondern ich konzentriere mich auf die Auswertung folgender Fragestellung: "Hat das Unternehmen Erfahrungen mit Organisationsentwicklung (OE) gemacht?"[2].

Man kann davon ausgehen, daß die Gestaltung der Weiterbildungsarbeit und das strategische Verhalten der Trainingsabteilung eng damit zusammenhängt, inwieweit Weiterbildung rein als Instrument zur Behebung von Wissens- und Qualifikationsdefiziten angesehen wird bzw. inwieweit man auch die Möglichkeit der Förderung der Personal- bzw. Organisationsentwicklung sieht.

Im folgenden soll untersucht werden, inwieweit sich Unternehmen, die nach Eigeneinschätzung über "OE-Erfahrung" verfügen, bezüglich ihrer Weiterbildungsarbeit von Unternehmen ohne entsprechende Erfahrung unterscheiden.[3]

Insgesamt gibt über ein Viertel der antwortenden Unternehmen an, mit Organisationsentwicklung bereits in Berührung gekommen zu sein (siehe Tab. 1 auf der folgenden Seite):

Tab. 1: Erfahrungen der Unternehmen mit Organisationsentwicklung

Keine Erfahrung	71 %
OE-Projekte in Planung	9 %
OE-Projekte in abgegrenztem Bereich durchgeführt	12 %
OE-Projekte unternehmensweit durchgeführt	9 %
Quelle: ibw-Erhebung 1988 100 % = 1025 österreichische Unternehmen	

Dieses auf den ersten Blick erstaunliche Ergebnis der Selbsteinschätzung ist allerdings zu relativieren: Nicht nur in Unternehmen, sondern oft auch bei Beratern und Trainern herrscht keineswegs Klarheit oder Einigkeit darüber, was denn nun genau die Besonderheiten von Organisationsentwicklungsberatung seien, was unter Prozeß-Beratung zu verstehen sei usw. Dies zeigen auch die Ergebnisse der vorliegenden Interviews von Führungskräften. Die begriffliche Unklarheit setzt sich auch in überbetrieblichen Seminarangeboten zum Thema Organisationsentwicklung fort, wo ähnlich wie bei früheren Modewellen im Trainingsbereich ebenfalls ein Trittbrettfahrer-Effekt sichtbar wird.

Von OE-Erfahrung berichten vor allem größere Unternehmen bestimmter Wirtschaftszweige (siehe Tab. 2 auf der folgenden Seite):

Jedes zweite Großunternehmen mit mehr als 1000 Mitarbeitern gibt an, über Praxiserfahrungen im Gebiete der Organisationsentwicklung zu verfügen.
Dies wird auch dadurch untermauert, daß gerade größere Unternehmen überdurchschnittlich häufig mit in- und ausländischen privaten Trainer- und Beratergruppen sowie mit den auf Führungskräfte spezialisierten Instituten kooperieren, in deren Trainerstab am ehesten einschlägige OE-Erfahrung vorhanden sein dürfte.

Tab. 2: OE-Erfahrung nach Unternehmensgröße

Betriebsgröße (Mitarbeiter)	Anzahl der antwortenden Unternehmen	unternehmens-weite OE	OE in abgegrenztem Unternehmensbereich
bis 49	413	4 %	8 %
50 bis 99	193	7 %	6 %
100 bis 499	273	14 %	12 %
500 bis 999	81	20 %	21 %
über 1.000	65	12 %	37 %
Insgesamt	1025	9 %	12 %
Quelle:	ibw-Erhebung 1988 insgesamt 1025 österreichische Unternehmen (Prozentangaben beziehen sich auf die Zeilensumme)		

Auch nach Wirtschaftsbereichen gibt es beträchtliche Unterschiede: Fast jede zweite Bank und Versicherung stuft sich als "OE-erfahren" ein, mit Abstand folgen energieversorgende Unternehmen sowie größere Industriebetriebe der Bereiche Elektrotechnik, Chemie, Maschinenbau und Metallwaren. Dies sind gleichzeitig auch die weiterbildungsintensivsten Wirtschaftsbereiche.

Es zeigt sich ein deutlicher Zusammenhang zwischen OE-Erfahrung und Weiterbildungsintensität (vgl. Tab. 3 auf der folgenden Seite).

Je mehr ein Unternehmen für Weiterbildung ausgibt, je mehr, öfter, länger und teurer Mitarbeiter weitergebildet werden, je größer die Weiterbildungsabteilung, je differenzierter die Palette der Lernformen, desto eher werden auch "Organisationsentwicklungsprojekte" durchgeführt.

Tab. 3: Zusammenhang von OE-Erfahrung und Weiterbildung

	Ausmaß der OE-Erfahrung				
	keine	in Planung	begrenzt	unternehmensweit	insgesamt
Ziel der WB ist die Erhöhung der Bereitschaft für organisatorische Änderungen	26 %	54 %	44 %	46 %	36 %
Ziel der WB ist die Unterstützung neuer Technologien	53 %	82 %	76 %	79 %	65 %
die externe WB wird zunehmen	53 %	61 %	53 %	42 %	52 %
die interne WB wird zunehmen	58 %	76 %	70 %	74 %	65 %
Einsatz von Lerngruppen am Arbeitsplatz	17 %	26 %	43 %	51 %	28 %
es gibt hauptamtliche WB-Verantwortliche	5 %	22 %	20 %	19 %	12 %
es gibt in der Branche ständige Produktinnovation	28 %	33 %	48 %	32 %	33 %
es gibt ein schriftliches Personalentwicklungskonzept	23 %	37 %	45 %	49 %	33 %
es gibt ein schriftliches Bildungskonzept	27 %	50 %	58 %	48 %	39 %
es gibt eher große Probleme mit der Weiterbildungsmotivation der Mitarbeiter	15 %	8 %	6 %	7 %	11 %
Anzahl der Unternehmen	228	54	74	63	419

Quelle: ibw-Erhebung 1988
insgesamt 419 Unternehmen mit mehr als 100 Mitarbeitern
100 % = Spaltensumme

Während bei Unternehmen ohne OE-Erfahrung eher die Ausrichtung an fachspezifischen Zielen dominiert, steht für Unternehmen mit OE-Erfahrung deutlich häufiger der Einsatz von Weiterbildung zur Unterstützung bei der Einführung neuer Technologien bzw. zur Förderung der Bereitschaft für organisatorische Änderungen im Vordergrund.

Sie setzen auch - über den Besuch von externen Seminaren und Kursen hinaus - eine erweiterte Palette von Weiterbildungsformen ein: Weiterbildung erfolgt deutlich häufiger durch Lerngruppen am Arbeitsplatz und firmeninterne Seminare. Auch der innerbetrieblichen Train-the-trainer-Ausbildung und Job-rotation-Programmen wird verstärktes Augenmerk geschenkt. Der im Vergleich zu Unternehmen ohne OE-Erfahrung weitaus stärkere Einsatz von computergestütztem Training und von Selbststudienmaterialien zeigt die (zunehmende) Bedeutung selbstgesteuerter Lernformen auf. Auch Lerngruppen am Arbeitsplatz sind in OE-erfahrenen Unternehmen häufiger.

Deutliche Unterschiede zeigen sich bei den Weiterbildungsinhalten: Gerade OE-erfahrene Unternehmen führen besonders häufig Weiterbildungsmaßnahmen zu Themen wie Mitarbeiterführung, Persönlichkeitsbildung und Verhaltenstraining durch. Unternehmen ohne OE-Erfahrung konzentrieren sich dagegen stärker auf fachliche Inhalte. Dieser Unterschied zeigt sich vor allem bei hierarchisch niedrigen Mitarbeitergruppen. Insbesondere auf der Ebene der einfachen Angestellten bzw. Facharbeiter werden von OE-erfahrenen Unternehmen deutlich öfter auch nicht-fachbezogene Weiterbildungsmaßnahmen durchgeführt.

Während Unternehmen generell beabsichtigen, ihre Weiterbildungsaktivitäten in den nächsten Jahren auszubauen, forcieren Unternehmen mit OE-Erfahrung eher den weiteren Ausbau der internen als der externen Weiterbildung. Sie verfügen auch öfter über schriftliche Konzepte und Planungen für Personalentwicklung und Weiterbildung.

In Unternehmen mit OE-Erfahrung werden hemmende Faktoren im internen Bildungs-Umfeld weitaus schwächer erlebt: Bedeutend seltener gibt es Probleme mit der Weiterbildungsmotivation der Unternehmensangehörigen. Finanzielle Beschränkungen bzw. personelle Engpässe in der Weiterbildungsabteilung spielen eine untergeordnete Rolle.

Auch die Einschätzung des Unternehmensumfeldes aus Sicht der Weiterbildungsverantwortlichen zeigt deutliche Unterschiede: Unternehmen mit OE-Erfahrung charakterisieren ihr Umfeld deutlich häufiger mit starker Branchenexpansion und laufenden Produktinnovationen.

Diese Zusammenhänge zwischen OE-Erfahrung und der spezifischen Gestaltungsform der Weiterbildung erscheinen einleuchtend: Wird intensiv Weiterbildung betrieben, wirkt sich dies tendenziell günstig auf eine erhöhte Lern- und Änderungsbereitschaft aus. Im Zuge von Bedarfsanalysen, der Durchführung von Weiterbildungsmaßnahmen und der (ansatzweisen) Umsetzung am Arbeitsplatz werden Probleme bewußt, die nicht allein durch Weiterbildung gelöst werden können und umfassendere Lösungsansätze nahelegen.

Sind Weiterbildungsverantwortliche bzw. Personalentwickler im Unternehmen vorhanden (was bei der Größenstruktur der österreichischen Unternehmen nicht die Regel ist), so ist die Wahrscheinlichkeit höher, OE-kompetente oder zumindest -interessierte Ansprechpartner im Unternehmen zu haben. Sie können als Ansprechpartner für externe Berater fungieren. Dies bildet eine günstige Ausgangslage nicht nur für Änderungen im Rahmen der Weiterbildungsarbeit selbst (neue Themen, Ziele und Zielgruppen, Lernformen usw.), sondern auch für darüber hinausgehende Entwicklungs- und Änderungsmaßnahmen.

Allerdings kann man nicht von vornherein davon ausgehen, daß Weiterbildungsverantwortliche die "Betreiber" von OE-Projekten in ihren Unternehmen sind. Nur jeder sechste Weiterbildungsverantwortliche ist für die Begleitung von OE-Projekten verantwortlich, ca. 40 % wirken in irgendeiner Form bei entsprechenden Projekten mit, in jeder dritten Unternehmung mit Weiterbildungsverantwortlichen werden keine OE-Projekte durchgeführt. Gerade in Großunternehmen, die tendenziell über die meiste OE-Erfahrung verfügen, zeigt sich öfters eine

Tendenz zur Isolierung der Weiterbildungsarbeit von anderen Aufgaben: Weiterbildner spezialisieren (oder: beschränken) sich auf Training, eigene PE- und OE-Abteilungen werden eingerichtet, es kommt zu Kompetenzproblemen und gegenseitigen Abgrenzungsversuchen.

Anmerkungen:

1) Diese Unternehmensbefragung war Teil des Forschungsprojektes "Betriebliche Weiterbildung in Österreich". Insgesamt konnten die Antworten von 1100 österreichischen Unternehmen (mit mehr als 20 Mitarbeitern) ausgewertet werden. Die Ergebnisse sind dokumentiert in: KAILER, N.: Betriebliche Weiterbildung in Österreich. Band I und II, Forschungsberichte Nr. 67 und 68 des Instituts für Bildungsforschung der Wirtschaft, Wien, November 1989.

2) Vorgegeben waren vier mögliche Antwortalternativen: "Nein, bisher nicht", "OE-Projekte sind in Planung oder zukünftig vorgesehen", "OE-Projekte wurden/werden in einem abgegrenzten Unternehmensbereich durchgeführt", "Unternehmensweite OE-Projekte wurden/werden durchgeführt".

3) Der Fragebogen richtete sich an die im Unternehmen für Weiterbildung verantwortliche Person. Ca. jede dritte Unternehmung verfügte über einen haupt- oder nebenamtlichen Weiterbildungsleiter.

Kapitel 5
Schlußfolgerungen aus den Projektergebnissen

Hans von Sassen

Ziel dieser Untersuchung war es, einen Eindruck davon zu bekommen, wie weit OE in Österreich verbreitet ist, d.h. inwieweit sie bekannt ist bzw. angewandt wird. Befragt wurden dazu Unternehmer, Manager und Leiter von Institutionen, die darüber (mit-)entscheiden, ob und wie Projekte, die die Organisation betreffen oder berühren (wie Reorganisationen usw.), mit oder ohne Hilfe externer Berater durchgeführt werden.

Die grundlegenden Fragen dabei waren:

* Was wissen diese "Entscheider" von OE, welches **Bild** haben sie davon?

* Welche **Erfahrung** haben sie damit, inwieweit haben sie OE in ihrer Organisation schon einmal durchgeführt?

* Welche **Einstellung** haben sie dazu, also wie bewerten sie diese?

Dieselben Fragen waren uns wichtig in bezug auf Organisationsberater bzw. OE-Berater:

* Welches Bild haben sie von ihnen?

* Welche Erfahrungen haben sie mit ihnen?

* Welche Einstellung haben sie zu ihnen?

Die Zahl der Befragten war - aus den anfangs genannten Gründen - zu klein, um eine fundierte Aussage über die quantitative Verbreitung des OE-Wissens und seiner Anwendung in Österreich machen zu können. Doch sind die Art und die relative Häufigkeit der Antworten in diesem kleinen Abschnitt von Unternehmen und Institutionen schon recht instruktiv.

1. Wissen über Organisationsentwicklung

Vergleicht man die Ergebnisse der Interviews mit der Charakteristik von OE in Kapitel 6, dann fällt auf, daß ungefähr ein Viertel der befragten **Führungskräfte** ein annähernd adäquates Bild von OE hat. Ungefähr die Hälfte der Befragten setzt OE gleich mit der üblichen Organisationsberatung (Reorganisation, Rationalisierung, Organigramme, EDV usw.). Die übrigen wissen nicht, was OE ist oder verbinden mit dem Wort ganz unzutreffende Begriffe - z.B. "natürliche" Entwicklung, Verwaltungsarbeit, Schulung, corporate identity.
Obwohl die Daten nicht so eindeutig und nicht ganz vergleichbar sind, kann man sagen, daß ungefähr ein Drittel der **Leiter/innen** sozialer Institutionen aus Literatur, Seminaren oder aus Erfahrung annähernd weiß, was OE ist. Da diese Leiter erwartungsgemäß weniger struktur-, dagegen mehr menschgerichtet sind und mit "sozialen Prozessen" zu tun haben, interessieren sie sich auch eher für eine Organisationsarbeit, die den menschlichen Aspekt und das Moment der Entwicklung einschließt.

Zusammenfassend kann man sagen, daß österreichische Manager überwiegend wenig bis nichts über OE wissen, den Begriff unscharf bzw. falsch verwenden. Etwas, aber auch nicht wesentlich höher, ist der Informationsstand über OE in sozialen Institutionen.

2. Erfahrung mit Organisationsentwicklung

Von den befragten Führungskräften haben ungefähr 15 % Erfahrung mit OE-Projekten im eigenen Unternehmen. Von den Leitern der sozialen Institutionen dürften dies schätzungsweise 5 % sein (aus den schriftlichen Antworten ist es oft nicht ersichtlich, inwieweit bei Änderungsprojekten OE-Prozesse berücksichtigt wurden). Dabei ist zu bedenken, daß diese Institutionen von Verwaltungsinstanzen abhängen, die selten ein Budget für solche Projekte bereitstellen. Die Leiter wissen also mehr von OE (von der Ausbildung, dem Interesse und Seminaren her) verglichen mit Unternehmungen, haben aber - aus diesem Grunde - weniger Erfahrung!

Zu dieser Frage gibt es auch noch die Ergebnisse der schriftlichen Befragung aus 1025 österreichischen Unternehmungen, von denen 29 % angeben, schon mit OE in Berührung gekommen zu sein. Auch hier ist nicht genügend klar, welche Projekte wirklich OE waren, zumal diese Untersuchung unabhängig von unserem Vorhaben stattfand. Der Eindruck besteht aber, daß Beauftragte der Weiterbildung und Organisation besser als Führungskräfte darüber informiert sind, was OE ist und welche Projekte dieser Art im Unternehmen laufen. Ihnen ist stärker bewußt, daß zur Organisationsveränderung auch immer Lernen gehört.

3. Einstellung zu Organisationsentwicklung

Das diffuse oder unzutreffende Bild, das viele Befragte von OE haben, wirkt sich natürlich auch aus auf ihre Bewertung von und Einstellung zu OE. Die negativen Aussagen beziehen sich durchwegs auf Organisationsberatungen, die **keine** OE sind:

* "übergestülptes Konzept" oder "großartige Untersuchungsberichte, in denen steht, was nicht funktioniert, die in der Schublade verschwinden und Enttäuschung und Resignation hinterlassen"

* "neue Welle, Werbemasche oder neues Etikett für eine alte Sache"
* "theoretisches Konzept" (weil der Betreffende OE nur aus irgendeiner theoretischen Abhandlung kennt).

Die Bewertung eines in der Praxis gehandhabten Konzeptes und einer Methode wie OE ist aber nur aufgrund von Erfahrungen möglich.
Drei Führungskräfte berichten eine solche Erfahrung und beschreiben den Prozeß (z.B. Projekt Personalentwicklung zunächst über Quality Circles, die seit 2,5 Jahren gut laufen). Sie bewerten den Vorgang und die Ergebnisse als gut bis sehr gut.
Von den Leitern sozialer Institutionen liegen solche Berichte nicht vor. Das vorliegende Material enthält zu wenig, um deren Einstellung zu OE einzuschätzen.
Implizit ist im folgenden doch noch einiges zur Einstellung abzulesen.

4. Das Beraterbild

Erwartungen an Berater (was soll er tun/nicht tun, welche Fähigkeiten sollte er haben):

Wer wie die meisten der Führungskräfte OE mit Fachberatung gleichsetzt, erwartet (spezialisiertes) Fachwissen, Methoden und Instrumente. Diejenigen, die etwas von OE wissen, erwarten im allgemeinen Hilfe bei Konzept- und Zielentwicklung, Prozeßbegleitung (gemeinsame Diagnose usw.) und soziale Fähigkeiten.

Die Leiter/innen sozialer Institutionen erwarten (dagegen) überwiegend etwas auf den letzteren Gebieten, insbesondere Prozeßbegleitung und soziale Fähigkeiten. Sie erwarten durchwegs keine Rezepte.

Bei der Frage, welche Beratung Unternehmen und ihre Führungskräfte in Zukunft vor allem brauchen werden, kommen viel deutlicher die Bedürfnisse zum Vorschein, die gerade OE beantworten kann, wie z.B.:

"Entbürokratisierung" und "unternehmerisches Denken entwickeln", "Führung" und "(interdisziplinäre) Zusammenarbeit", "Kommunikation", "Veränderung der Unternehmenskultur".

Bei den Leitern sozialer Institutionen spielt diese Zukunftsperspektive kaum eine Rolle. So weit sie diese Frage überhaupt beantworten, betrifft es eher kurzfristige Wünsche: vor allem auf dem Gebiet des Personals (Supervision, Personaleinsatz, Personalpolitik, Motivation und ähnliche Themen).

5. Unternehmen und soziale Institutionen

Der wesentliche Unterschied kann vereinfacht wie folgt charakterisiert werden: In Unternehmen machen Menschen Dinge oder leisten "technische Dienste". Manager tendieren darum zu einem "**Macherbewußt-sein**": mit Hilfe von Fachwissen, Strukturen, Methoden und Instrumenten kann (und soll) der Mensch alles zustandebringen, was machbar ist. Sie orientieren sich eher an kurzfristigen "Zielen", dadurch entstehen viele "Probleme", die sie durch "Maßnahmen" wieder zu beseitigen versuchen.

In sozialen Institutionen tun Menschen etwas für Menschen. Da muß der Mensch selbst zum Instrument werden und Beziehung herstellen, um seine Aufgabe erfüllen zu können. Dem "Macherbewußtsein" steht ein "**Beziehungsbewußtsein**" gegenüber. So wie in Betrieben die "technischen Fähigkeiten" bevorzugt werden, so in den Institutionen die "sozialen Fähigkeiten".

Auch in sozialen Institutionen tendiert man zu kurzfristigen Zielen (Einzelfälle). Es entstehen (u.a. dadurch) auch Probleme, die man hier durch Gespräche zu lösen versucht.

Beiden fehlt also im allgemeinen die konzeptuelle Ebene und damit das ganzheitliche und längerfristige Denken.

OE entwickelt ein Bewußtsein für den **Zusammenhang von Mensch und Sache** (Methode, Struktur usw.), von Lernen und Leisten, von

Beziehungs- und Erfolgsorientierung. Wenn Manager die Bedeutung **dieses** Bewußtseins für das gesunde Funktionieren der Organisation erkennen, dann setzen sie OE ein und oft mit Erfolg.

Soziale Institutionen haben eher ein Bewußtsein von OE (sie wissen meistens auch, daß sie an der "sachlichen Seite" schwach sind und möchten in der Hinsicht dazulernen), können aber nicht von sich aus mit OE-Projekten beginnen. Wenn es aber zu einem OE-Projekt kommt, verläuft dieses oft viel mühsamer und mit weniger Erfolg wegen der Abhängigkeit von einem Netzwerk amtlicher und politischer Systeme, die nicht in den Prozeß einbezogen werden können.

Resümierend kann gesagt werden, daß sich die Kenntnis und die Anwendung von OE in Österreich in den Anfängen befindet. Das Wort OE hat sich zwar verbreitet, aber ohne daß die meisten wissen, worauf es sich bezieht. Leider kenne ich keine entsprechenden Zahlen von anderen Ländern, die einen quantitativen Vergleich erlauben würden. Aus der viel größeren Zahl der OE-Berater, der umfangreichen Literatur und auch aus eigener Erfahrung geht hervor, daß der Umfang der OE-Erfahrung z.B. in der Bundesrepublik, noch mehr in den Vereinigten Staaten, England und den Niederlanden größer wird. Dort fand OE ihre Ausbreitung in den 50-er Jahren und nimmt in Forschung und Anwendung noch immer zu.

6. Zum Namen: "Organisationsentwicklung"

Auch diese Untersuchung zeigt wieder - was für die GOE schon seit längerer Zeit ein Problem ist - nämlich, daß das Wort "OE" bei vielen nicht den damit gemeinten Begriff vermittelt.

Als die Erfolgsmeldungen von gelungenen OE-Projekten in der Management-Literatur und durch persönliche Kontakte sich in den 60er und 70er Jahren verbreiteten, haben manche Organisationsberater und Trainer, besonders solche, die es werden wollten, sich dieses Namensschild umgehängt - auch wenn sie nur unter Zugabe gewisser Floskeln ihre traditionelle, spezialisierte Organisationsberatung fortsetzten oder nur Kommunikations- und ähnliche Trainings für Manager anzubieten hatten. Diese Angebote waren manchmal auch noch von sehr zweifelhafter Qualität.

Unternehmer, die aufgrund der genannten Erfolgsmeldungen sich auf diese Angebote einließen, kamen aufgrund ihrer Erfahrungen zu Aussagen wie:

* "OE ist nichts Besonderes, das haben wir schon immer gemacht." oder:

* "Nie wieder OE ins Haus", insbesondere, wenn sie sich eine dilettantische Gruppendynamik eingekauft hatten (womit nicht gesagt sein soll, daß Gruppendynamik als solche nicht auch sehr hilfreich und weiterführend sein kann).

Das hat natürlich dem Namen OE geschadet.

OE-Berater vermeiden darum manchmal das Wort OE oder gebrauchen andere Bezeichnungen, um nicht von vornherein mit diesen Vorgängen verwechselt zu werden. Um das Jahr 1978 kam von den USA z.B. das Wort "Organisationstransformation" (OT) herüber. In der Literatur über OT wird eigentlich OE mit etwas erneuerten Begriffen beschrieben mit dem Hinweis, daß OE überholt sei. Überholt ist aber nur, was Nachahmer und Vielschreiber ohne eigene Erfahrung daraus gemacht haben.

Der Ausdruck "ganzheitliche Prozeßberatung" dürfte weniger belastet sein. Worte wie "ganzheitlich" und "Prozeß" zeigen aber bereits Abnützungserscheinungen, da leider jeder zutreffende Ausdruck nach einiger Zeit zum vielgebrauchten Modebegriff wird, den man als Zeitgenosse, der "auf dem neuesten Stand ist", aussprechen kann, ohne noch darüber nachdenken zu müssen, was er eigentlich beinhaltet.

Eine reine Änderung der Terminologie hat also kaum den gewünschten Effekt.

Dem ist nur zu begegnen durch ständige und gezielte Aufklärungsarbeit und zwar in einer solchen Form, daß insbesondere die Verantwortungsträger in unseren Organisationen erreicht werden. Das ist möglich in den Grundausbildungen, z.B. den Wirtschaftsuniversitäten und in der Management(weiter-)bildung, wenn dies nicht nur bei akademischen Definitionen und abstrakten Betrachtungen bleibt, sondern anhand konkreter Fälle ein lebendiges Bild von OE-Prozessen, deren Voraussetzungen und ihrer Ergebnisse vermittelt wird.

Notwendig ist das auch in der (Weiter-)Bildung von "Organisatoren", die heute oft nur ein etwas erweitertes EDV-Verständnis haben.

Ferner sollten neben den Tagungen, in denen die Fachkollegen ihre Forschungsergebnisse und Erfahrungen einander mitteilen, Konferenzen und Kongresse für einen weiteren Kreis organisiert werden. Bei diesen könnten z.B. Unternehmen ihre Erfahrungen mit eigenen OE-Prozessen darstellen - wie das z.B. bei dem OE-Kongreß in Basel 1988 der Fall war.

Kurz - es geht darum, die Prinzipien der PR-Arbeit auf dieses Feld anzuwenden. Das wäre eine zentrale Aufgabe der GOE (Gesellschaft für OE) in Zusammenarbeit mit der IODA (International Organization Development Association).

Kapitel 6
Was ist Organisationsentwicklung?

Hans von Sassen

Das läßt sich am besten verständlich machen, indem man auf das Entstehen des OE-Ansatzes (in den Jahren um 1950) zurückgeht.

Im wesentlichen haben zwei Erfahrungen zur Entwicklung der OE geführt:

1. Die Tatsache, daß viele Reorganisationen, von Experten ausgedacht und vom Management sanktioniert, nicht den erwarteten Erfolg brachten - auch wenn sie logisch konzipiert und im Prinzip sogar durchaus brauchbar waren. Das Ergebnis war (und ist oft heute noch) eines der folgenden:
    - Die (manchmal sehr kostspieligen) Gutachten externer Beratungsfirmen enden vorzeitig in einer Schublade.
    - Die Reorganisation wird (teilweise) "eingeführt", aber verläuft irgendwo im Sande. Es werden Abteilungen getrennt oder fusioniert, Personal abgebaut usw., aber grundsätzlich bleibt alles beim Alten und/oder es sind neue Probleme entstanden.
    - Die Reorganisation wird von der Spitze trotz teilweise großer Widerstände mit vielen Verlusten (z.B. unproduktive Perioden der Unsicherheit, Vertrauensschwund, Austritt der besten Mitarbeiter usw.) durchgesetzt.

2. Die Tatsache, daß viele Weiterbildungsmaßnahmen in der Form interner oder externer Seminare - auch wenn diese durchaus sinnvoll und für die Teilnehmer motivierend waren - für einzelne Mitarbeiter keine oder nur eine geringe Wirkung in der Praxis hatten, außer

wenn es einfache technische Kenntnisse und Fertigkeiten betrifft. Auch heute ist das noch oft der Fall. Das Ergebnis ist dann:

- ○ Der vom Seminar zurückgekehrte Mitarbeiter taucht in die tägliche Arbeit ein (mit der er oft im Rückstand ist); niemand interessiert sich dafür, was er gelernt hat und nach einiger Zeit versickert das Gelernte, ehe er es anwenden konnte.
- ○ Der Zurückkehrer ist (stark) motiviert, neue Methoden einzuführen, seinen Arbeits- oder Führungsstil zu verändern, stößt aber auf Unverständnis oder Widerstand der Umgebung. Die bestehende "Organisationskultur" ist stärker, er gibt nach einiger Zeit enttäuscht auf oder ruft Konflikte hervor.

OE ist die Antwort auf diese Problematik. Sie beruht auf den folgenden Prinzipien:

1. Veränderung in einem System ist immer ein **Prozeß** (in der Zeit). In einem sozialen System (hier eine Organisation) handelt es sich sowohl um einen "**Bewußtsein**sveränderungs- oder -bildungsprozeß" als auch einen "**Struktur**veränderungs- oder -bildungsprozeß".
   Es ist nicht ein "juristischer Akt", mit dem etwas von heute auf morgen "eingeführt" wird oder eine Summe von "Maßnahmen".
   Veränderungen sollten also Schritt für Schritt entwickelt werden, sowohl im Bewußtsein der Menschen wie in der Wirklichkeit des Arbeitslebens.

2. Ein System ist eine **Ganzheit**, in der alle Teile und Vorgänge miteinander zusammenhängen, also vernetzt sind. Veränderungen in einem Teil oder Bereich bewirken auch irgend etwas in den anderen Bereichen.
   Die Lösung eines Problems oder eine Reorganisation sollten also aus einem "ganzheitlichen" (d.h. nicht aus einem "fachspezifischen") Bewußtsein heraus angegangen werden. Das heißt nicht, daß OE nur möglich ist, wenn eine gesamte Organisation verändert wird; jeder Teil oder Bereich ist wieder eine Ganzheit, in der z.B. technische, soziale und wirtschaftliche Tatsachen und Probleme vernetzt sind.

3. Mitarbeiter können sich nur dann mit Änderungen ihrer Situation voll identifizieren und somit diese sinngemäß, verantwortlich und motiviert durchführen, wenn sie mitgedacht haben über das Ob,

Warum, und Wie einer Änderung. Das Prinzip der Organisationsentwicklung ist darum: Betroffene zu **Beteiligten** machen.

Nimmt man diese drei Prinzipien: prozeßbewußtes Vorgehen, ganzheitliche Sicht und Beteiligung in ihrem Zusammenhang, dann ergibt sich daraus das folgende Vorgehen:

Die Beteiligten (unter Leitung und Mithilfe eines "Entwicklungsberaters")

* analysieren ihre Situation bis zu einem vertieften Verständnis ihres "Systems", der darin vorkommenden Stärken, Schwächen, Bedürfnisse, Probleme usw. in ihrer Vernetzung (Selbstdiagnose)

* konzipieren/entwerfen neue Prinzipien, Funktionen, Abläufe, Problemlösungen, Konfliktregelungen usw., wo dies aufgrund der Diagnose als notwendig, sinnvoll und machbar erscheint

* führen die beschlossenen Änderungen durch, eventuell zunächst als Experiment und korrigieren aufgrund von Erfahrungen, bis die Neuerung befriedigend in das Ganze integriert ist.

Dieser Vorgang und seine Ergebnisse sind für die Betroffenen durchsichtig und wirklichkeitsnah, besonders da sie selbst Teil des Systems sind, das sie ändern. Sie haben danach ein ganz anderes Verhältnis zu ihrer Arbeit, Abteilung usw.: mehr Interesse, Verständnis, Sicherheit und Verantwortlichkeit.

Zugleich bedeutet die Beteiligung an einem solchen Projekt für sie einen ständigen, intensiven Lernprozeß auf der fachlich-sachlichen, der menschlich-sozialen und der gedanklich-konzeptiven Ebene. Dieses Lernen in und an der Wirklichkeit kann vorbereitet bzw. je nach Bedarf begleitet werden durch seminaristisches Lernen, das dann so auf ein wesentlich größeres Interesse stößt und in der Arbeit angewendet werden kann.

Die aktive Mitarbeit in der OE hat zur Folge, daß Führungskräfte und Mitarbeiter mehr Einsicht, Fähigkeiten und Motivation entwickeln in der Zusammenarbeit und daß sie zukünftige Organisationsänderungen, die ja immer wieder nötig sein werden, sicherer, schneller und selbständiger (mit geringerer oder ohne externe Mithilfe) durchführen können.

Wo beim Konzipieren und Durchführen eine entsprechende Fachkompetenz in der "OE-Projektgruppe" fehlt, kann diese durch Hinzuziehen von Experten ergänzt werden, deren Vorschläge geprüft und in das Gesamtkonzept eingefügt werden.

Durch dieses Vorgehen wird die anfangs geschilderte Kluft zwischen organisatorischen Änderungen und dem persönlichen Lernen überbrückt.

Wie nun ein OE-Projekt im konkreten Fall verläuft, hängt von vielen Umständen ab. Das kann sehr unterschiedlich sein, u.a. bedingt durch die jeweilige Ausgangslage der Organisation und das Verständnis des Managements, das Beratungshilfe sucht - wobei dieses Verständnis, wie aus dieser Untersuchung deutlich hervorgeht, oft sehr mangelhaft ist. Ein OE-Projekt kann sich auf unterschiedliche "Dimensionen" erstrecken: entweder auf eine begrenzte Problemsituation (einen Engpaß z.B.), auf eine Entwicklung der Gesamtorganisation oder einen Bereich zwischen diesen Extremen (z.B. eine Abteilung).

Der OE-Prozeß hat auch unterschiedliche "Zeitdimensionen". Er kann in wenigen Wochen oder in mehreren Jahren abgeschlossen sein (vergleichbar dem Umbau eines Bahnhofsgeländes, während der Verkehr weitergeht).

Veranlassung für OE waren bis in die Mitte der siebziger Jahre Probleme im Bereich des internen Funktionierens wie: Führung, Organisation, Funktionsgestaltung, Zusammenarbeit und Kommunikation. Da lagen vor allem die Engpässe. Seitdem wurden die Beziehungen einer Organisation zu ihrer Umwelt immer mehr zum Hauptproblem. OE geht darum zunehmend von Problemen der Strategie und des Marketing und ihren Konsequenzen für die verschiedenen Funktionsbereiche aus.

Kurz: Jedes OE-Projekt ist anders. In der Literatur gibt es eine Fülle von Projektbeschreibungen. Man sollte sich also nach dem Lesen einiger dieser Beschreibungen nicht zu der Konklusion verleiten lassen: "Das ist also OE, das paßt bei mir nicht". Natürlich paßt das meistens nicht; darum wird eben mit den Betroffenen eine Vorgangsweise für die eigene Situation entworfen. Ausgangspunkt ist immer die bestehende Realität, nicht ein fertiges theoretisches Konzept und eine standardisierte Methode. Das Instrumentarium und die Methoden der OE sind seit deren Anfängen immer mehr differenziert worden. Welche wie angewendet werden, hängt von der Situation und dem OE-Berater ab.

OE - wie hier beschrieben und inner- und außerhalb der Gesellschaft für Organisationsentwicklung (GOE) verstanden - ist ein bewußtes und systematisches Vorgehen, also etwas anderes als Entwicklung, die "sowieso" stattfindet (die es auch gibt). In der ursprünglichen Bezeichnung "Planned Change" zeigte sich dies sehr deutlich.

Abschließend ist zu sagen: Das Konzept und die Methoden der OE sind einsichtig, sie haben in vielen Fällen zu wesentlichen Verbesserungen geführt. Der Erfolg eines konkreten OE-Projektes hängt aber - wie überall - von Menschen ab: vom Entwicklungsberater, den Beteiligten aus der Organisation und der Vertrauensbeziehung, die zwischen ihnen entsteht.

Kapitel 7
Organisationsentwicklung und Transaktionsanalyse
Effektivität und Humanität aus sachlicher und psychologischer Sicht

Werner Vogelauer

1. Organisationsentwicklung und Transaktionsanalyse: Wo gibt es Gemeinsamkeiten, wo Unterschiede?

"Organisationsentwicklung ist ein längerfristig angelegter, organisationsumfassender Entwicklungs- und Veränderungsprozeß von Organisationen und der in ihr tätigen Menschen. Das Lernen der Betroffenen durch direkte Mitwirkung und praktische Erfahrung ist ihr Kern. Die ganzheitliche Sichtweise, d.h. die Wechselwirkungen und Zusammenhänge von Individuum, Organisation, Umwelt und Zeit sind wesentliche Bestandteile von OE." Diese Sätze geben den Schwerpunkt der Organisationsentwicklung wieder (Leitbild-Auszug der GOE.)

Die Transaktionsanalyse (TA) als psychologische "Schule" sieht ihre Grundwerte in Autonomie (d.h. Selbstbehauptung, Spontanität und Nähe), Problemlösungsfähigkeit und Selbstverantwortlichkeit ("o.k.-Positionen"[*]), im Lern- und Veränderungspotential, in den Wechselwirkungen und Zusammenhängen von Prozessen ("Transaktionen"). Was die Zeit betrifft, so kann Transaktionsanalyse sowohl als Kurzzeit- aber auch als längerfristiger Prozeß genutzt werden.

----

[*]) Begriffsbeschreibungen am Ende des Artikels

In der Transaktionsanalyse kennen wir vier Hauptfelder der Analyse und Veränderung:

* die Ich-Zustands-Analyse (mit typischen Verhaltensbereichen wie "Eltern-Ich-Haltung", "Erwachsenen-Ich-" und "Kind-Ich-Zustand")

* die Analyse der Transaktionen (d.h. die Beobachtung von Gesprächsverläufen anhand der Ich-Zustände und ihre Veränderungsmöglichkeiten)

* die Spiel-Analyse (ein Modell gelernter stereotyper Transaktionen und ihre Veränderung) sowie

* die Skript-Analyse (das Lebensdrehbuch des einzelnen mit einschärfenden Botschaften, "Erfolgsrezepten" zur Lebensbewältigung usw).

Betrachtet die Organisationsentwicklung den Menschen als Teil eines Systems, einer Organisation, Gruppe usw., ist die Transaktionsanalyse von den Anfängen her auf das Individuum konzentriert.

Durch die zunehmende Beschäftigung vieler Transaktionsanalytiker mit Fragen von Organisation, Wirtschaft und Menschen in Arbeitszusammenhängen wird und wurde auch so manches Konzept der TA auf Systeme umgesetzt (so existiert im Rahmen der GOE eine überregionale Arbeitsgruppe "OE + TA", die sich mit derartigen Anwendungen beschäftigt).

2. Was bringt die Transaktionsanalyse an wichtigen Bereicherungen in die Organisationsentwicklung ein?

Die Transaktionsanalyse als humanistische psychologische Richtung zielt auf partnerschaftliche Haltung. Geprägt ist die Zusammenarbeit von Offenheit und wechselseitiger Akzeptanz im Dasein. Das Konzept der Verträge oder Vereinbarungen[1] ist auch für den Organisationsbereich hilfreich. Sie schaffen Klarheit und Konkretheit sowohl in einer bilateralen Vertragsbeziehung wie auch - speziell in der Organisationsentwicklung sehr häufig - in der "Dreiecksbeziehung" von Auftraggeber, eigentlichem Kunden(system) und dem Berater(team). Das Modell der "Ich-Zustände" und der "Transaktionen" kann sowohl in der Einstiegs- und Klärungsphase, in der Vereinbarungs- als auch in der Arbeitsphase nutzbringend sein und Beziehungen deutlich machen.

"In Organisationen ist Transaktions-Analyse oft nur oberflächlich als Kommunikationsmodell bekannt, das sich an das Strukturmodell Eric Bernes ("Ich-Zustände") anlehnt. Sie ist jedoch Sprache und Denkmodell. Beschrieben werden kann dabei das Verhalten von Menschen und Organisationen in ihrer Eigenart (Persönlichkeitsmodell), die Verständigung zwischen Menschen und auch zwischen Organisationen mit oder ohne Worte und ihre Auswirkungen (Kommunikationstheorie). Auch spezielle Themen wie Ursachen und Ausformungen psychischen bzw. psychosomatischen Leidens und ihre gezielten Maßnahmen durch Beratung oder Therapie (Veränderungsmethode für Menschen und Organisationen)".[1]

2.1. Vereinbarungen und Verträge

Ob und wie Veränderungen in einem Organisationsentwicklungsprozeß möglich sind, hängt vom Inhalt und von der Qualität der Verträge ab. Hauptsächlich sind Beratungs- oder Therapieverträge mit einzelnen Personen, aber auch Gruppen/Organisationen bekannt. In Organisationsentwicklungsprozessen werden Erstvereinbarungen meist mit Führungskräften oder Personalverantwortlichen erstellt, während die spätere Arbeit oft mit anderen Personen durchgeführt werden soll. Hier ist die Klärung und Offenlegung von "Was wurde mit wem wozu vereinbart?" wichtig. Ergänzende Fragen, um "hidden agendas" (versteckte, oft auch den Auftraggebern geheime Zielsetzungen) zu vermeiden, sind "Was habt Ihr bereits unternommen um ... zu lösen?" oder "Welche Erwartungen habt Ihr an die Lösung ?". Neben dem klaren Aussprechen von Ziel, Zeit(aufwand), Beteiligten und Aufgaben der Beteiligten ist die Schriftlichkeit und die Bestätigung bzw. Anforderung durch den Auftraggeber (= "Zahlender" und "Klientensystem") Voraussetzung einer Vereinbarung.

2.2. Ich-Zustände und Transaktionen

Eric Bernes Grundhaltungen wie "Eltern-Ich", "Erwachsenen-Ich" und "Kind-Ich" bieten durch ihre einfachen und gleichzeitig umfassenden Verhaltensbeschreibungen eine gute Möglichkeit, auf die Gestaltung des Arbeitskontraktes und des Entwicklungsprozesses zu achten. Wird die Vereinbarung bereits "schief" geschlossen (z.B. wenn das Klientensystem hilflos alle Arbeit dem Berater zuschiebt, der dann gute Ratschläge erteilt, ist ein Kind-Ich-/Eltern-Ich-Zusammenwirken sichtbar) so führt dies zu keinerlei selbstverantwortlichem und echtem entwicklungsorientierten Handeln der Betroffenen.

Diese Haltungen sind auch im Prozeßverlauf interessant. Gerade erste Anfragen an Berater sind - auf Basis unseres gesellschaftlichen Verständnisses - geprägt von Selbstunterschätzung, Hilflosigkeit, Nicht-weiter-wissen usw. Gespräche und Verhandlungen in diesem Beziehungssystem sind schlechte Voraussetzungen für den "OE-Gedanken" der Autonomie und Selbstverantwortlichkeit. Die Transaktions-Analyse bietet dazu Vorgehensweisen an, die beispielsweise eigene Haltungen zur Stärkung des Selbstvertrauens forciert. Bewußtes individuelles Lernen - vom einzelnen bis zur Gruppe - kann die Ergebnisse eines Organisations-Entwicklungs-Prozesses wesentlich fördern.

2.3. Skripts/Drehbücher von Organisationen

Neuere Strömungen in der Transaktionsanalyse verwenden auch die Skripts ("Lebensdrehbücher") nicht nur für Individuen, wie sie Eric Berne einst meinte, sondern nutzen Aussagen, Botschaften und Verhaltensmuster von ganzen Abteilungen/Organisationen, um ein "Unternehmensskript", ein Handlungsmuster der Mitarbeiter eines Unternehmens, zu erstellen. In diesem Skript gibt es Bestandteile wie

Einschärfungen (besondere emotional verankerte Botschaften), Antreiber (wie muß es sein, daß ich "erfolgreich" bin?) oder auch Grundhaltungen (vom "Gewinner-" bis zum "Verlierer-Skript").[2]

Gerade die "Drehbücher" einer Organisation bieten eine ganzheitliche Orientierung, wie sie auch die OE anstrebt. Der Blick wird auf die gesamte "Organisation" mit allen ihren direkt und indirekt sichtbaren Teilen geworfen.

2.4. Passivität/Aktivität

In der "Konzeptküche" der Transaktionsanalyse gibt es das Passivitäts-Modell. Personen setzen in ihrem Verhalten "Re-Aktionen", die keine wirkliche Veränderung darstellen. Beispielsweise kann ein Individuum, auch eine Gruppe, Abteilung oder Organisation "überangepaßt" reagieren. Die Kunden verlangen eine sofortige Veränderung der Produktpalette, die Firma verändert in Windeseile ganz nach den Wünschen, ohne zu fragen, warum, weshalb und wovon. Oder Demonstrationen von Außenstehenden führen zu gewalttätigen Gegenreaktionen, ohne daß man miteinander klärt, was, wie, wer, warum... Letzteres Beispiel ist eine Form von Agitation, eine verschärfte Art von Passivität. Diese Erkenntnisse können auch im Entwicklungsprozeß von Organisationen bearbeitet werden. Ein bewußt aktiver und gemeinsam erarbeiteter Beitrag der Organisationsmitglieder zur Verbesserung der Situation ist dadurch leichter möglich.

2.5. Weitere Themen

Darüber hinaus bietet die Transaktions-Analyse eine Menge weiterer Methoden und Konzepte, die in einem OE-Prozeß sinnvoll einsetzbar sind. Beispielsweise die Art und Weise der "Zuwendung", die im Unternehmen nicht, schlecht oder vereinzelt gegeben wird. Auch Abwertungen oder "Ränkespiele" als weitere Themen.

3. Ausblick

Gerade die ansprechende und einfache Form der Transaktionsanalyse bietet interessierten Firmen und Gruppen gute Anwendungschancen. Sie können in Veränderungsprozesse mit Ziel, Transparenz und Bewußtheit, wo es hingeht und warum es gerade da hingeht, einsteigen und verändern. Klare Ausgangssituationen und Ziele ("Verträge"), erkannte Situationsmuster und Problemfelder (Ich-Zustands- und andere Konzepte) und gezielt passende Verhaltens- und Strukturveränderungen ("Interventionen von Erkanntem zu Gewolltem") können sie bewußt (mit)gestalten und selbst(mit)verantworten.

Kurzerläuterung verwendeter Begriffe:

* **Ich-Zustände** sind Instanzen im "Kopf", die sich im Laufe unseres Lebens herausgebildet haben und im Ausdruck als situative "Zustände" oder Haltungen erkennbar werden. Nach Berne gibt es drei Zustände...
    o "Eltern-Ich-Zustand" als Werte- und Normeninstanz (eines Individuums oder einer Organisation), der beschreibt, wie typischerweise "Eltern" agierten (System des "so und nicht anders").
    o "Erwachsenen-Ich-Zustand" als Instanz des Sammelns, Bewertens, Gewichtens und Verarbeitens im Hier und Jetzt.
    o "Kind-Ich-Zustand" als System archaischer Glaubenssätze zum Denken, Fühlen und Verhalten, wie typischerweise Kinder sich zeigen.

* Transaktionen sind Gesprächsbeziehungen der kleinsten Einheit, d.h. eine Aktion und eine Reaktion. Beziehungsstrukturen können diagnostiziert und Veränderungen abgeleitet werden.

* Skript ist das Lebensdrehbuch und besteht aus Überlebensschlußfolgerungen, Gefühlen und Handlungen, die ihre Ursache in der Interpretation der wahrgenommenen Umweltbedingungen und Erlebnisse aus der Kindheit haben.

* **o.k.-Positionen** oder Grundhaltungen sind frühzeitig gelernte Muster, wie ich mich selbst und wie ich die anderen sehe.

Literaturverweise:

1) KESSLER, Heinrich/HAUSER, Hans-Georg/REUTER, Hans J.: Transaktionsanalyse: Ein Weg zum besseren Verständnis von Verträgen in Organisationen. Zeitschrift für Transaktionsanalyse, Heft 4/1988, 5. Jahrgang, S. 149 - 168

2) VOGELAUER, Werner: Die Organisationspersönlichkeit. Unternehmenskultur aus transaktionsanalytischer Sicht. Unveröffentlichtes Manuskript, März 1989

Weiterführende Literatur:

* BERNE, Eric: Was sagen Sie, nachdem Sie "guten Tag" gesagt haben? Fischer Verlag, TB 42192, 1985

* SCHLEGEL, Leonhard: Die Transaktionale Analyse. Francke-Verlag, München 1988, 3. Auflage

* HEINZEL, Friederike: So gehts besser im Beruf. Herder-Verlag, Freiburg 1983

* ZEITSCHRIFT FÜR TRANSAKTIONSANALYSE (der deutschen Gesellschaft für TA, Redaktion: HAGEHÜLSMANN, Heinrich), quartalsweise

* TRANSACTIONAL ANALYSIS JOURNAL (offizielles Organ der internationalen Gesellschaft für TA), San Francisco, quartalsweise

* ÖGTA-Info (eine Publikation der österr. Gesellschaft mit fallweisen Artikeln auch aus dem Wirtschafts- und Organisationsbereich, nur für Mitglieder), Redaktion: HAUSER, Hans-Georg/STRAUSS, Franz; quartalsweise

(zu bestellen über ÖGTA-Geschäftsstelle, Markus-Sittikus-Straße 9/1, 5020 Salzburg, Tel. 0662/70 9 23)

Kapitel 8
Organisationsentwicklung und gestalttheoretische Aspekte

Wolfgang Döring
Christa Leupold

Auf Basis der humanistischen Psychologie arbeiten wir seit Jahren als interne Berater an der Verknüpfung von Wirtschaftlichkeit und Humanität in unserer betrieblichen Organisation. Wir verfolgen dabei eine doppelte Zielsetzung: einerseits eine Verbesserung der Leistungsfähigkeit der Organisation, andererseits eine Verbesserung der Qualität des Arbeitslebens für die in ihr tätigen Menschen. Diese beiden Zielsetzungen sind gleichrangig und voneinander abhängig.

1. Warum betreiben wir Organisationsentwicklung?

Wir gehen davon aus, daß für eine produktive Zusammenarbeit neben der fachlichen Kompetenz auch soziale Fähigkeiten - auch im Hinblick auf den nötigen Zeitaufwand - für die Erledigung der Aufgaben bzw. Erreichung der Ziele von großer Bedeutung sind, da sie letztendlich Auswirkungen auf die Effizienz der gesamten Organisation haben.

Weiters bestimmt die Art des zwischenmenschlichen Umganges das Klima einer Organisation und damit den Wirkungsgrad in der Erreichung der gesteckten Ziele. Führungskräfte neigen manchmal dazu, einzelne Spitzenleistungen für wesentlich wichtiger zu halten, als die Fähigkeit, die eigene Leistung in den gesamten Rahmen eines Unternehmens zu integrieren und so wirtschaftlich nutzbar zu machen.

Oft stoßen wir dabei auch auf die Frage der Motivation - ein Begriff, der heute viel gebraucht, aber auch oft mißverstanden wird.
Deshalb möchten wir unsere Definition zur Motivation von Menschen in Organisationen geben:
Jede Organisation hat definierte Zielsetzungen, die zu erreichen der eigentliche Zweck der Organisation ist. Ebenso haben die in der Organisation tätigen Menschen bestimmte Zielsetzungen, von deren Erreichung sie sich die Erfüllung ihrer Wünsche erwarten. Gelingt es der Führungskraft, die beiden Zielsetzungen zusammenzuführen, so daß der einzelne durch die Verfolgung der Organisationsziele auch seine persönlichen Ziele erreicht, dann bezeichnen wir diesen Menschen als motiviert.

2. Wie erfolgt Organisationsentwicklung?

Träger unserer Arbeit ist die Gesamtheit der Mitglieder (alle Mitarbeiter und deren direkte Führungskraft) einer organisatorischen Einheit (Bereich, Abteilung, Gruppe, ...).
Auftraggeber für uns ist die Führungskraft der Organisationseinheit.

Ausgangspunkt der Arbeit sind Aufgabenstellung, Arbeitssituation und Organisation der Arbeitsabläufe. Arbeitsinhalt ist die Bearbeitung konkreter Probleme der täglichen Arbeit und der gemeinsamen Zielsetzung.

Die Definition und Lösung von Problemen liegen in der Hand des betroffenen Teams und deren direkter Führungskraft.

Wir gehen davon aus, daß Mitarbeiter nicht nur engagiert sind, wenn sie in die Entscheidungsfindung einbezogen werden, sondern daß sie Kenntnisse besitzen, die schon bei der Definition und Beschreibung des Problems nützlich sind.

Die Probleme selbst sind in drei Ebenen zu sehen:

* technische Probleme (Durchführung, Abläufe, ...)

* menschliche Probleme (Eigenschaften, Beziehungen, ...)

* konzeptionelle Probleme (Prinzipien, Ziele, ...)

Für jede dieser drei Ebenen arbeiten wir mit eigenen, auf die Problemstellung abgestimmten Methoden bzw. Modellen.

Darüber hinaus verfolgen wir grundsätzlich bei unserer Arbeit folgende Basisziele:

* Steigerung der Eigenverantwortlichkeit der tätigen Menschen in der Organisation

* Herstellen von Entscheidungstransparenz innerhalb und zwischen Organisationseinheiten

* Förderung des Dialoges zwischen den Beteiligten mit ihren Bedürfnissen und den Anforderungen der Organisation

* Weiterentwicklung der vorhandenen Kultur durch die Mitglieder der Organisation unter Beachtung ihrer Rechte und Pflichten.

3. Einfluß gestalttheoretischer Aspekte in die OE-Arbeit

Keine tausend Plastikblüten lassen eine Wüste blühen.
Und tausend leere Gesichter machen einen leeren Raum nicht voll.
(F. Perls, Gestalttherapeut)

Dieser Ausspruch trifft voll auf unsere Zeit zu; der heutige Mensch ist zwar dauernd in Bewegung, aber der Ausdruck seines Gesichtes zeigt oft einen Mangel an wirklichem Interesse für sein Handeln. Er kann sehr gut **über** seine Schwierigkeiten reden, aber sehr schlecht mit ihnen fertig werden. Wir haben uns in unserer Arbeit zur Aufgabe gemacht, aus diesen sogenannten "Papiermenschen" wieder lebendige Menschen zu machen, den Prozeß des Wachsens beim Menschen zu fördern und sein Potential zu entfalten.

Die Gestalttherapie geht von einem ganzheitlichen Konzept der menschlichen Natur aus, in dem Körper, Geist und Psyche eine zusammenhängende Einheit darstellen. Ebenso wird das Umfeld als zusammenhängendes Ganzes verstanden, in dem sich alle Elemente in einem ständig verändernden Prozeß von Austausch und koordinierter Aktivität befinden. Dazu ein einfaches sprachliches Beispiel, um dies näher zu erläutern:

Die Wörter "Regen" und "Neger" bestehen aus denselben Elementen, aber die Bedeutung hängt von der Reihenfolge der Buchstaben in ihrer Gestalt ab. Das bedeutet, daß das Ganze die Teile bestimmt, aber auch das Ganze mehr als die Summe seiner Teile ist.

Von den Gestaltgrundsätzen abgeleitet liegt im Blickfeld der Arbeit

* die Zieldefinition und die Art und Weise der Zielerreichung

* die gesamte Situation des Klienten (Einzelperson, Paare, Gruppen, Organisationen) mit dessen Einbettung in die gegebene Organisation bzw. deren Umfeld

* die Gesamtgruppe in den Beziehungen und Strukturen der einzelnen untereinander und den dort geltenden Normen und Riten

* die Förderung der Menschen in ihrer Lebendigkeit (innere Motivation; selbständiges, waches und kreatives Handeln) durch Abbau der Behinderungen und Schranken des Handelns.

Durch die Mechanisierung der Arbeitswelt in den letzten 200 Jahren wurden neue Methoden des Umganges für das Management mit Material und den arbeitenden Menschen notwendig. Der Gestaltpsychologe Metzger zeigt die Prinzipien der Arbeit am "toten Material" (Werkstoffe) und am "Lebendigen" (Förderung von Menschen) in ihrer Unterschiedlichkeit auf. Die Anwendung des Behandlungsprinzips für "totes Material" auf Menschen bzw. Organisationen stellt er als unzulänglich dar.

Die **Arbeit am toten Material** ist gekennzeichnet durch Ausdrücke wie "machen", "herstellen", "anfertigen". Die Arbeit selbst ist durch folgende Prinzipien bestimmt:

* beliebiges Herstellen nach eigenen Ideen unter Beachtung der (begrenzten) Eigenschaften des Materials.

* Die Kräfte zur Verwirklichung stammen ausschließlich vom bearbeitenden Menschen oder von ihm beigebrachten Energiequellen/Maschinen. Die dem Material innewohnenden Kräfte äußern sich als passiver Widerstand gegen die Bearbeitung.

* Die Arbeitszeit und die Arbeitsgeschwindigkeit sind vom Bearbeitenden im Rahmen der Materialeigenschaften beliebig festlegbar.

* Der Ablauf der Bearbeitung ist willkürlich festlegbar.

* Das Machen vom bearbeiteten Material läuft nur in eine Richtung - es entsteht keine Rückwirkung, kein Dialog.

Die **Arbeit mit Menschen** (= führen, entwickeln) ist gekennzeichnet durch Ausdrücke wie "betreuen", "pflegen" und "fördern".
Menschen sind Wesen nach eigenen inneren Gesetzen, ein seiner Eigenart entsprechend gestaltetes bzw. sich gestaltendes und verhaltendes Ganzes. Auf Dauer kann ihm nichts gegen seine Natur aufgezwungen werden. Es kann nur zur Entfaltung gebracht werden, was in ihm selbst als Möglichkeit angelegt ist. Folgende Prinzipien sind bestimmend:

* die Nichtbeliebigkeit der Formbarkeit des anderen;

* der Ursprung der Kräfte und Antriebe liegt im wesentlich im anderen selbst (innere Motivation);

* die Nichtbeliebigkeit von Zeit und Geschwindigkeit bei der Gestaltung von Lern- und Veränderungsprozessen;

* die notwendige Akzeptanz von Zwischenschritten beim Lernen (Verkraftbarkeit von Veränderungen);

* die Wechselseitigkeit der Wirkung, d.h. miteinander in Dialog zu treten, beide Seiten liefern Beiträge und beeinflussen sich gegenseitig.

Die Behandlung der Menschen unter den Prinzipien des toten Materials ist oft in der Leblosigkeit bürokratischer Organisationen zu beobachten.
Die Auswirkungen ziehen sich von Mangel an Motivation und unternehmerischer Haltung der Mitarbeiter, "Arbeit nach Vorschrift", schlechtem Klima über Probleme der Produktivität und der Arbeitsqualität bis zu hoher Fluktuation bzw. höherem Anteil an inneren Kündigungen und dem verstärkten Auftreten psychosomatischer Erkrankungen.

Zur Vermeidung bzw. Reduktion solcher Phänomene integrieren wir Aspekte der Gestaltarbeit in die Organisationsentwicklung.

4. Integration von Gestaltaspekten in der OE-Arbeit

Unsere Arbeit mit Teams oder Einzelpersonen liegt derzeit bei folgenden Themenschwerpunkten:

* Leistung im Team/Produktivität

* Teamentwicklung

* neue Führung (Wechsel der Führungskraft)

* neues Team (Gründung einer Organisationseinheit oder eines Projektteams)

* Problemlösungsmodelle/-fähigkeiten.

Neben den üblichen Prinzipien der Organisationsentwicklungsarbeit fließen in unsere Arbeit folgende Gestalt-Prinzipien ein, bei denen es um Erkenntisse und Förderung des jeweiligen Potentials der in der betreffenden Organisationseinheit tätigen Menschen geht:

* **Schöpferisches Denken**
Förderung einer Grundeinstellung, die der Gewinnung von Einsichten günstig ist; die die Freude am Gebrauch des eigenen Kopfes unterstützt; der Stärkung des Mutes, sich geistig ohne Krücken und Geländer zu bewegen und sich an Fragen heranzutrauen, die man noch nicht "gehabt" hat.

* **Innere Kräfte**
Die Kräfte und Antriebe kommen auf Dauer nur aus dem Inneren des Menschen. In OE-Prozessen, aber auch in jedem anderen Entwicklungsprozeß einer Organisation, ist das Vorhandensein dieser Kräfte die Voraussetzung für längerfristig getragene Veränderungen.

* **Energiehaushalt**
Die Handlungen der Menschen in Organisationen sind von der ihnen zur Verfügung stehenden Eigenenergie abhängig. Nur kurzfristige Überbrückungen sind durch Fremdenergie möglich und sinnvoll. Ein mittlerer Grad der Aktivierung mit situativen Anspannungs- und Entspannungsphasen ermöglicht ein langfristig gesichertes Handlungspotential und eine Sicherstellung der Gesundheit des Menschen.

* **Handlungs- und Gestaltungsfreiheit**
Entwickeln der notwendigen Freiräume im und für das Team. Damit ist nicht die Freiheit, Beliebiges, sondern die Freiheit, das Rechte zu tun, gemeint. Die größtmögliche Individualität unter Beachtung der Zielerreichung ist anzustreben. Die Voraussetzungen im Menschen und im Umfeld sind dazu zu entwickeln.

* **Verarbeitung von übernommenen Inhalten**
Die Arbeit besteht in der Überprüfung der Annahme und (Vor)-Urteile gegenüber Personen und Situationen. Ziel ist, auf Basis der eigenen Wahrnehmung zu selbständigen Handlungen zu kommen, die in der Person integriert sind.
Das Ergebnis ist ein höheres Maß an Identität der handelnden Person und somit eine Erhöhung der Handlungssicherheit.

* **Schärfung der Wahrnehmung**
Wir arbeiten an der Wahrnehmungsfähigkeit des einzelnen, um ein höheres Maß an Erkennen und Wahrnehmen der unmittelbar gegebenen Eindrücke zu ermöglichen; ebenso am Umgang mit dem eigenen "HÖREN" und "SEHEN" und der bewußten Verwendung der übrigen Sinnesorgane zur Erfassung der Eindrücke aus mir selbst und der mich umgebenden Umwelt. Ziel ist das Erkennen der Realität der eigenen Wahrnehmung und der gleichzeitigen eigenen Subjektivität. Durch diese Erkenntnis werden Störungen in der Kommunikation reduziert.

* **Eindringen in Sachverhalte**
Hier ist die Fähigkeit zu fördern, aus einer Problemstellung "herauszutreten" und sie aus Distanz inklusive der eigenen Anteile ohne "emotionale Betroffenheit" betrachten zu können. Sinnbildlich ist an eine Situation zu denken, in der ich einen Gegenstand betrachten möchte und diesen zur besseren Erfassung drehe und wende, zurücktrete, um mir Übersicht zu verschaffen, und meinen Standpunkt wechsle, um neue Ansichten zu gewinnen. Diese Fähigkeit wird durch ein Modell der Problemlösung unterstützt.

* **Weg zur Zielerreichung**
Klärung und Bearbeitung der Vorgangsweisen zur Zielerreichung. Es sind zwei Wege zur Zielerreichung zu unterscheiden:
  o Bei dem einen werden die Bedingungen so eng gestaltet, daß nur ein Weg offen bleibt (Vorschriften, Regeln, ...); hier sind dem Handelnden von außen Handlungsenergien zuzuführen (Belohnung, Bestrafung). Ein klassisches Beispiel dafür ist die Produktionsstraße.
  o Bei dem anderen werden keine Wege vorgegeben, die Anziehungskraft des Ziels und die Antriebe des Handelnden ergänzen einander. Treibende und steuernde Kräfte fallen zusammen.
Diese zweite Vorgehensweise ist auf Änderung der Gegebenheiten anpassungsfähiger und gegen Störungen weniger anfällig.
Im Bereich des Lebendigen ist zu beobachten, in welch sinnreicher Weise diese beiden Arten zusammenwirken und einander ergänzen (z.B. im Menschen: Knochengerüst und Nerven/Lymphe). In Organisationen - wir sehen diese als Lebendiges an - fördern wir den

Prozeß zur Integration der beiden Wege, aber auch die Notwendigkeit bzw. Berechtigung beider.

* **Dezentralisierung**
Kleine, überschaubare Gruppen bilden die Voraussetzung für situatives und angebrachtes Handeln. Vorausgesetzt ist dabei der "dialogische" Aufbau dieser Gruppen. Die Autonomie der Teilgruppe ist in einer Gesamtheit der Organisation eingebettet und funktional integriert.

* **Betrachtung des gesamten Feldes**
Die Betrachtung der Situation bezieht alle in ihr vorhandenen Elemente ein. Eine gesamthafte Betrachtung ist die Basis für wirksame Handlungsansätze zur Verbesserung. Einzelne Maßnahmen sind integrative Teile einer geschlossenen Gestalt.

5. Schlußbemerkung

Wir arbeiten im Rahmen der Organisationsentwicklung in drei Strukturebenen:

* **Ansatz am Individuum**
d.h. "ich fange bei mir selbst an", um Persönlichkeitsbereiche zu vervollkommnen (z.B. zuhören/verstehen, argumentieren, Problemlösungsfähigkeiten, ...). Das Ziel liegt in der Erhöhung des Potentials, das der einzelne in das gesamte System der Organisation einbringen kann.
In dieser Strukturebene ist darauf zu achten, daß Ursachen für Störungen und Probleme nicht ausschließlich beim Individuum zu suchen sind. So kann z.B. ein "störender" oder schwieriger Mitarbeiter nur das auffällige Symptom einer gestörten Beziehung zwischen Chef und Mitarbeiter oder der Mitarbeiter untereinander sein.

* **Ansatz an der Art des Miteinander (soziales Umfeld)**
Blickfeld ist die Gesamtgruppe in den Beziehungen und Strukturen der einzelnen untereinander und den dort geltenden Normen und

Riten. Weiters ist die Produktivität der Gruppe nach außen und innen (Synergie) ein Arbeitsthema.

* **Ansatz der institutionellen/gesellschaftlichen Bedingungen (OE/Strukturen -- > Organisationskultur)**
Betrachtungs- und Arbeitsfeld sind hier die Spielregeln und Normen, unter denen die Menschen in der Organisation leben, und die ihnen bestimmte Umgangsformen aufzwingen oder diese zumindest nahelegen bzw. fördern.

Gestalttheoretische Erkenntnisse unterstützen uns bei der Umsetzung der Organisationsentwicklungsarbeit in den Prinzipien und den Zielen der persönlichen Weiterentwicklung und denen der Organisation. Die gegebene Gestalt von Lebendigen ist das Leitbild zur Entwicklung von Organisationen, ihrer Produktivität und den Lebensbedingungen für die in ihr lebenden Menschen.

Die Entwicklung der Sichtweisen von Management und Führung von Menschen geht unseres Erachtens mit der Entwicklung der Haltung zu biologischen und ökologischen Aspekten unserer Umwelt konform. Technokratische Ansätze bieten zur Steuerung und Entwicklung von Organisationen nicht die Lösungspotentiale, die in unmittelbarer Zukunft für die zu erwartenden Probleme und Aufgabenstellungen notwendig sind, um Organisationen in ihrem Umfeld lebensfähig und produktiv zu erhalten. Dazu sind ganzheitliche Modelle - wie das der Gestalttherorie und der Organisationsentwicklung - notwendig.

Kapitel 9
Die Entstehungsgeschichte des Projektes:
Entwicklungsphasen einer Studie

Franz Biehal

Die Gesellschaft für Organisationsentwicklung e.V. (GOE) ist eine professionelle Vereinigung interner und externer Berater, die sich mit Organisationsentwicklung beschäftigen. Ihr Einzugsgebiet umfaßt die Bundesrepublik Deutschland, die Schweiz und Österreich. Einen Teil der in dieser Vereinigung gelebten Werte repräsentiert die dezentrale Struktur der GOE: Sogenannte Regionalgruppen haben ein hohes Maß an Autonomie und Gestaltungsfreiheit, was ihr Vereinsleben betrifft.

Die Regionalgruppe Österreich, eine der ältesten der GOE, bestand viele Jahre lang aus einem sehr geschlossenen Kreis von zwölf Mitgliedern. Erst 1986/87 begann die Öffnung für einen größeren Kreis Interessierter und die Einrichtung von Lerngruppen, die eine Fortsetzung der dezentralen Organisationsform auf lokaler Ebene darstellen.

In diesen Lerngruppen können auch Interessenten und Nicht-Mitglieder teilnehmen und mit den Mitgliedern einen regen Fach- und Erfahrungsaustausch pflegen. Arbeitsform, Intensität und Inhalte werden von jeder Gruppe selbst bestimmt; zweimal jährlich treffen sich dann die Mitglieder aller Gruppen zu einer Art Vollversammlung.

Bei der Vollversammlung im Jahr 1987 brachte ich die Idee ein, als Regionalgruppe Österreich eine Studie über Wissen und Verbreitung der Organisationsentwicklung in diesem Lande durchzuführen. Meine Motive dafür waren:

* Erstens hatte ich als Gründungsmitglied einer Beratungsfirma, die sich auf OE spezialisiert hatte und der auch andere GOE-Mitglieder angehören, das Gefühl, daß keinerlei profunde Markforschungsdaten zu diesem Thema zur Verfügung stünden. Wissen *über* und Image *von* OE bei Führungskräften und Entscheidungsträgern in der Wirtschaft, Verwaltung und im sozialen Bereich waren weitgehend unbekannt. Die bekannten Wahrnehmungen und Rückmeldungen beschränkten sich auf eigene Klienten und Geschäftspartner, deren Sichtweise bekannt war und die natürlich nicht repräsentativ war. Somit war *ein* Motiv, mehr Information über den eigenen Markt zu bekommen - die Sichtweisen, die Erwartungshaltung, die Einschätzungen der potentiellen Klienten - und damit ein Gefühl zu erhalten, wie die aktuelle Resonanz auf das Thema Organisationsentwicklung ist.

* Ein zweites Motiv entstammte dem Dilemma des vielbeschäftigten Beraters, der nur mehr in sehr geringem Maße Zeit und Energie für die Aktivitäten einer professionellen Vereinigung aufbringen konnte. Gemeinsame Termine für die Lerngruppe zu finden, bedeutete halbstündiges Brüten über den Terminkalendern. Die Studie sollte somit ein aktiver Beitrag zum Vereinsleben sein und gleichzeitig ein Erkenntnisgewinn für die eigene Arbeit als Unternehmer.

Phase 1: Aller Anfang macht Spaß

Der schon mit einem detaillierten Vorgehenskonzept präsentierte Vorschlag fand rasches und einhelliges Interesse und damit auch Zustimmung. Er traf sich zeitlich mit einer Anregung des GOE-Leitungsteams, wissenschaftliche Untersuchungen zu betreiben, um wieder ein Signal der Gemeinnützigkeit zu setzen. Zusätzlich erwartete sich wohl jedes Mitglied der Regionalgruppe einen persönlichen Nutzen durch die verbesserte Marktkenntnis, die sich aus der Studie ergeben sollte.

Die vorgeschlagene Form der Durchführung, nämlich daß jedes Regionalgruppenmitglied etwa drei Tiefeninterviews zu führen hätte, erschien als zumutbare Belastung und gleichzeitig als Chance, interessante Gesprächs- und Interviewpartner zu finden und damit Rückmeldungen aus erster Hand zu erhalten.

Der Vorschlag fand jedenfalls rasch Zustimmung, und es wurde ein - wie sich später herausstellte - unrealistischer Terminplan gemacht, der die Durchführung während des Jahres 1988 vorsah.

Phase 2: Dabeisein ist alles

Es wurde ein Projektteam gebildet, zugleich eine Steuergruppe bestehend aus Hannes Piber, Norbert Kailer und Elfriede Biehal-Heimburger.

Sehr bald stellte sich allerdings heraus, daß die Mitwirkung in dieser kleinen Steuergruppe auch für andere sehr attraktiv erschien. Bei der ersten Sitzung - wo ein erweiterter Kreis in diese Steuergruppe eingeladen war - wurde sehr lange darüber diskutiert, welche Namen denn auf der Titelseite der vorliegenden Broschüre erscheinen und wer als Herausgeber fungieren würde.

Als aber schließlich deutlich wurde, daß jeder eingeladen war, in der abschließenden Publikation beizutragen und hier offenbar keine Monopolisierungsversuche der Steuergruppe zu befürchten waren, beruhigte sich das Interesse an der Mitarbeit, ja es führte schließlich so weit, daß mancher der Hereindrängenden später nie wieder bei den Redaktionssitzungen dieser Gruppe zu sehen war.

Phase 3: Aufbruch und Enttäuschung

Mittlerweile hatten sich um die Kerngruppe kleine Teams gebildet von jeweils drei bis vier weiteren GOE-Mitgliedern, die sich bereit erklärt hatten, Interviews durchzuführen. Über die Multiplikatoren, also die Mitglieder der Steuergruppe, wurden die Namen und Adressen der potentiellen Interviewpartner verteilt, gleichzeitig mit vorgedruckten Serienbriefen, in denen das Projekt und das Anliegen vorgestellt wurde. Jeder Interviewpartner sollte nun persönlich diesen Brief unterzeichnen und absenden und individuell seine Interview-Termine vereinbaren. In dieser euphorischen Phase schien zügiges Vorankommen und rasche Reaktion kennzeichnend. Hannes Piber versorgte uns prompt und zuverlässig mit dem Adreßmaterial aus einer unsortierten Datei österreichischer Führungskräfte. Auch das Zustandekommen der Interviewergruppen war rasch und zügig vorangegangen, das Interesse war groß und die Reaktionszeiten kurz.

Die Enttäuschung kam dann für viele, als sie die von ihnen angeschriebenen Personen anriefen, um einen Interview-Termin zu vereinbaren. Einige der Angeschriebenen fühlten sich inkompetent, zu diesem Thema überhaupt etwas sagen zu können, andere wiederum sagten das nicht so offen, sondern empfahlen eine andere Person für das Interview, womit der Prozeß des neuerlichen Anschreibens und Erklärens wieder von vorne begann, vielen kam ihre sicher sehr dichte Terminsituation zugute, um sich vor einem Gespräch zu drücken, und einige hatten mittlerweile die Funktion, ja sogar das Unternehmen gewechselt. Interessant war jedoch, daß es so gut wie keine offenen Verweigerungen gab, was aber trotzdem die Ausbeute in Grenzen hielt. Ein zweiter Anlauf mit Ersatzadressen wurde gestartet, aber da war vielfach auf Seiten der Interviewer schon die Luft draußen. Am ehesten waren noch die spontanen Treffer ergiebig; wer einmal wochen- oder monatelang hinter einem Interviewpartner und seinen Terminen nachhetzte, der verlor auch bald einmal die Lust an diesem Unternehmen.

Phase 4: Durststrecke

Es folgte eine lange Durststrecke, bei der das Projekt sehr an den Rand des Bewußtseins der Projektträger gerückt war. Zu den vereinbarten Terminen, bei denen vor dem Sommer bereits Zwischenresumees in den Kleingruppen gemacht werden sollten, stellte sich heraus, daß erst eine geringe Anzahl von Interviews durchgeführt worden war. Die

Bitten, diesen Termin auf den Herbst zu verschieben, häuften sich bald und führten dazu, daß die anderen Gruppen sich nicht sehr motiviert fühlten, ihrerseits zu einem Abschluß zu gelangen.

Auch im Herbst trafen Rückmeldungen und Zusammenfassungen nur spärlich ein. Einige der Kleingruppen wiesen hier trotzdem hartnäckig Disziplin auf und werteten aus, was sie zusammengetragen hatten. Andere Interviewer waren wiederum schon sehr vereinzelt und als Arbeitsgruppe nicht mehr existent.

Phase 5: Strukturerneuerung als Energiespender

In dieser Phase schien es den Initiatoren angezeigt, eine neue Projektstruktur vorzuschlagen, um die Restenergien zu bündeln und schließlich einen Endspurt für dieses Projekt zu ermöglichen. Die Gelegenheit ergab sich beim Jahrestreffen der Regionalgruppe Österreich im Herbst 1988. Wir widmeten einen ganzen Tag der Studie und luden alle Mitwirkenden ein, persönlich ihre Erfahrungen einzubringen, um damit nicht mehr von den teilweise schlecht funktionierenden Kleingruppen abhängig zu sein. Das direkte Zusammentreffen aller Interessierten und der meisten Mitwirkenden ermöglichte die Erstellung eines detaillierten Konzepts für den Abschlußbericht und eines neuerlichen Terminplans für die Schlußphase. Ebenso wurden inhaltliche Erkenntnisse aus den Interviews, nachdem man schon Schwerpunkte zusammengefaßt hatte, diskutiert und bildeten somit die Grundlage des vorliegenden Berichtes.

Die Aussicht auf baldigen Abschluß des Vorhabens und die Übernahme konkreter Verantwortungen einiger dort anwesender Mitglieder setzte wieder einige Energie frei und brachte so noch einmal Schwung in das Projekt.

Phase 6: Mit einem Schrittmacher ins Ziel

In dieser Schlußphase wurden die zusammenfassenden Auswertungen gesammelt und die Artikel redaktionell von Norbert Kailer bearbeitet und den anderen Beitragenden zur Korrektur und Ergänzung zur Verfügung gestellt. Wie immer bei Autoren (und noch dazu viel beschäftigten Beratern) kam es auch hier zu Terminverzögerungen, die einerseits mit Nachsicht und Gelassenheit, andererseits aber mit zäher Beharrlichkeit von Norbert Kailer quittiert wurden. Ihm sei insbesonders dafür ein herzliches Dankeschön ausgesprochen. Anfang 1990 schließlich waren alle Beiträge eingelangt, und es konnte der letzte Schritt begonnen werden: die Produktion des hier vorliegenden Berichtes.

Die hier gegebene Darstellung der Projektgeschichte ist selbstverständlich nur die subjektive und selektive Wahrnehmung des Initiators. Sie sei hier dennoch angeführt, um dem Leser (oder Durchblätterer) dieser Publikation einen persönlichen Bezug zu ermöglichen zu dem, was hier geworden ist. So unvollkommen es sein mag, es steckt eine Menge Lebenszeit und Engagement einer ganzen Reihe von Menschen darin, und der Leser ist herzlich eingeladen, sie auch unter diesem Blickwinkel zu konsumieren. Überdies bringt diese Chronologie hoffentlich auch all jenen etwas, die Ähnliches einmal vorhaben bzw. macht denen Mut, die selbst in einer schwierigen Phase eines Projektes stehen.

Am Ende dieses langen Prozesses scheint uns das Ziel erreicht zu sein, nämlich ein Bild zu gewinnen, welche Rezeption Organisationsentwicklung bei möglichen oder tatsächlichen Klienten erfährt. Letztlich soll durch diese bessere "Marktkenntnis" das einschlägige Angebot an Beratungsdienstleistungen noch mehr an den Bedürfnissen der "Benutzer" orientiert werden.

Kapitel 10
Entwicklungsphasen einer Gruppe:
Wie läßt sich die Gruppe beschreiben, in der das vorliegende Projekt entstanden ist?

Hans-Georg Hauser

Die Entwicklungsgeschichte der Regionalgruppe Österreich der GOE hat verblüffende Parallelen zur Entwicklung des vorliegenden Projektes. Wer und was die GOE und ihre Regionalgruppen sind, wurde in Kapitel 9 beschrieben. Nachdem ich schon einige Zeit die Absicht habe, eine Chronik der Regionalgruppe Österreich zu schreiben, sind mir bei der Sichtung des Materials und beim Lesen der Entstehungsgeschichte des Projekts die Ähnlichkeiten der Entwicklung aufgefallen.

Phase 1: Jeder will dabei sein . . . (Zeitraum: Beginn ?? - 1982)

Der eigentliche Beginn der OE-Gruppe in Österreich liegt in einer heute bereits "grauen" Vorzeit und bestand in einem zwei- bis dreimaligen Treffen einiger Berater und Personalisten, die sich zum Thema Organisationsentwicklung trafen. Die Gruppe gab sich den Namen "Offener Arbeitskreis Organisationsentwicklung (OAOE)", ein Name, der nie ganz den Tatsachen entsprach, da es auch zu diesem frühen Zeitpunkt notwendig war, eingeladen zu werden, und der Zugang immer schwierig zu bewältigen war.

Ich selbst kam zu dieser Gruppe im Juni 1981, anläßlich eines GOE-Treffens in Weimar. Hier gab es schon österreichische GOE- Mitglieder. Im August 1981 trafen sich diese mit anderen ursprünglichen OAOE-Teilnehmern und dachten über das Verhältnis der OE'ler in Österreich zur GOE nach. Das Thema war eher Abgrenzung und nicht Gemeinsamkeit. Da diese Gruppe gerade erst begann zusammenzufinden, liefen viele Rituale: Vorstellen, Erwartungen, Befürchtungen.

Der Andrang war jedoch bereits groß: im Juni 1982 gab es bei einem Treffen in Hölles immerhin 16 Teilnehmer. Die Gründe, warum man dazugehören wollte, kamen nie so ganz klar heraus.

Einige Thesen dazu:

* da passiert etwas Neues;

* da kann man was lernen;

* Heimat für OE-ler

* Bekanntschaft und Kooperation mit Gleich- und Ähnlichgesinnten

* Aufträge gibt's da sicher auch ...

Die Abgrenzung lief über Themen wie: "Wir müssen erst zusammenfinden", "Es ist mühsam, immer Neue dabei zu haben", "Ich will nicht mit jedem", "Wer mehr Freunde reinbringt, hat mehr Macht" ...

Phase 2: Alle tun mit . . . (Zeitraum: 1982 - 1983)

Bald zeigte sich, daß "über uns reden" nicht ausreichte, um in dieser Gruppe das Gefühl zu haben, es geschehe wirklich was. Da entstand (wie, kann ich heute nicht mehr nachvollziehen) die Idee, das Jahrestreffen der GOE 1983 in Wien abzuhalten.

Und hier passierte Bemerkenswertes: Obwohl es für viele zeitlich schwierig einzurichten war, traf sich die zu diesem Zeitpunkt aus 13 Mitgliedern bestehende Gruppe immer wieder in voller Besetzung, um dieses Treffen vorzubereiten. Es war eine Zeit der Betriebsamkeit, Themen wurden geprüft, entwickelt und zuletzt entstand unsere Fachtagung im Dezember 1983 mit dem Titel: "Lernen von Organisationen".

Einige Thesen zu diesem Abschnitt:

* Dazugehören muß man zeigen;

* über Themen und Arbeit kann man Einfluß gewinnen;

* gehöre ich noch dazu, wenn ich einmal nicht da bin?;

* gemeinsame Arbeit verbindet ...

Immer mehr begann sich die nächste Phase abzuzeichnen:

Phase 3: Wer hat Einfluß?   (Zeitraum: 1983 - 1987)

Da in dieser Gruppe wenig feste Strukturen und Regeln bestanden (wir arbeiteten schließlich dauernd daran), hatte man nur dann Einfluß, wenn man da war und seine Interessen vertrat. Immer wieder kam es zu Situationen, wo das Fernbleiben eines Mitgliedes "ausgenützt" wurde.

Es gab zu diesem Zeitpunkt folgende Gruppierungen, zu denen man gehören konnte: der OAOE (Offener Arbeitskreis Organisationsentwicklung), der einen "inneren" und einen "äußeren" Kreis hatte. Weiters die GOE und die Regionalgruppe Österreich der GOE. Die Zutritts- und Übertrittsriten waren kompliziert und verhinderten große Veränderungen.

Die Nachbereitung des Jahrestreffens, die Beschäftigung mit den eigenen Strukturen, Initiationsriten (Wie kommt man zum OAOE und/ oder GOE?) beschäftigten zwar, allmählich gewannen jedoch andere Faktoren und Kriterien an Einfluß: es gab gemeinsame Aufträge, Firmen und Gruppierungen entstanden, und das Interesse an der "Ursprungsgruppe" nahm immer mehr ab.

Ziemlich zu Beginn dieser Phase (im November 1984) fand unsere größte "Öffnungsaktion" statt: 25 Menschen versammelten sich, um etwas über GOE und OAOE zu hören, und um ihr Interesse an OE zu bekunden. Auch bei dieser "Öffnung" machte sich die Abgrenzung deutlich bemerkbar, und bei der Gründung der Arbeitsgruppen wurden Strukturen, die bereits bestanden bzw. im Entstehen waren, sichtbar. Die damals gegründeten Arbeitsgruppen bestehen zum Teil noch heute, wenn auch in anderer Form. Die Einflußfrage zeigte sich in einem Detail sehr deutlich: Wir haben lange über die Frage diskutiert, wer wen und wieviele Gäste einladen darf, und haben dann exakt protokolliert, wer wen eingeladen hat.

Ein Treffen wie dieses hat es nie wieder gegeben, und einen Teil der dort Anwesenden haben wir nicht mehr wiedergesehen.

Daran schloß sich eine lange Periode, in der das Strukturthema im Vordergrund stand. Die Abgrenzung zur GOE, die Übertrittsregelungen von einem Kreis zu einem anderen - all das beschäftigte uns. Immer blieb der OAOE, die ursprüngliche Gemeinschaft, im Zentrum der Überlegungen. Bis es dann soweit war: am 20. November 1987 wurde der OAOE feierlich zu Grabe getragen. Wir brauchten diesen Kreis nicht mehr, er hatte sich überlebt. Zu diesem Zeitpunkt traf sich die gesamte Gruppe zum letzten Mal.

Einige Thesen zu dieser Phase:

* um Einfluß ausüben zu können, braucht man andere;

* Zutritt ja, aber zu welchen und wessen Bedingungen?

* Abgrenzung, Eingrenzung und Regeln, um Einfluß zu schützen.

Phase 4: Kleine Gruppen entstehen ...
(Zeitraum: 1986 - heute)

In der Folge übernahmen immer mehr kleine Gruppen, Lern- und Arbeitsgruppen die Funktionen, die ursprünglich die große Gruppe hatte. Es gab keine gemeinsamen Treffen mehr, das Interesse an der GOE und der Regionalgruppe Österreich sank.

Dennoch war jede Menge Leben da: kleine Lerngruppen trafen sich regelmäßig, um als Entwicklungs- oder Themengruppen zu arbeiten. Kooperationen und Firmenzusammenschlüsse entstanden und übernahmen die Funktion von Integrationsbasen für Neue. Sogar ein neuer Kongreß wurde vorbereitet und durchgeführt: der Jahreskongreß der GOE 1990 in Budapest! Allerdings gab es nicht mehr so viele "Mit"-Arbeiter wie 1983. Die Vorbereitungsgruppe hatte nur mehr fünf Mitglieder.

An Thesen zu dieser Phase fallen mir ein:

* das Alte war notwendig, damit Neues entstehen konnte;

* ohne "Sinn" zerfällt eine Gruppe;

* Leben findet dort statt, wo etwas lebt.

Es war spannend, diese Entwicklung mitzumachen, und ich bin gespannt, wie's weitergeht.

Zu den Autoren

Mag.rer.soc.oec. Franz Biehal M.A.
Unternehmensberater, Trigon Entwicklungsberatung reg.Gen.m.b.H.;
Ausbildung in Betriebswirtschaft, Organisationspsychologie, Gestalt-
therapie; Schwerpunkte: OE-Projekte, Personalentwicklung, Assess-
ments, Projektmanagement; Lehrbeauftragter an der Universität
Innsbruck.

Dr. phil. Elfriede Biehal-Heimburger
Studium der Psychologie und Pädagogik; Ausbildung in Gestalttheoretischer Psychotherapie; Psychologin und Beraterin, Trigon Entwicklungsberatung reg.Gen.m.b.H.; Tätigkeitsschwerpunkte: Gestaltung
von Aus- und Weiterbildungslehrgängen, Persönlichkeitsentwicklung,
Supervision, Einzel- und Gruppenberatung; Lehrbeauftragte an der
Akademie der bildenden Künste, Wien.

Mag.rer.soc.oec. Wolfgang Döring
Studium an der Wirtschaftsuniversität Wien (Wirtschaftspädagogik,
Betriebswirtschaft), Personalentwickler in einem österreichischen
Kreditinstitut in den Arbeitsfeldern Fach- und Verkaufstraining, Per-
sonalarbeit, Persönlichkeitsentwicklung und Kommunikation, Organi-
sations- und Teamentwicklung.

Hans-Georg Hauser
Gesellschafter und Geschäftsführer des MDO-Beratungsdienstes,
selbständiger Organisationsentwicklungsberater, Trainer in den Bereichen Kommunikation, Führung und Personalmanagement; Mit-
begründer der "Bildungswerkstatt", eines Instituts zur
Persönlichkeitsentwicklung.

Mag. Dr.rer.soc.oec. Norbert Kailer

Studium an der Universität Graz (Betriebswirtschaft, Wirtschaftspädagogik); Bctriebspädagoge, Projektleiter am Institut für Bildungsforschung der Wirtschaft in Wien; Schwerpunkte: Erwachsenenbildung und betriebliche Weiterbildung, Lehrbeauftrager an den Universitäten Klagenfurt, Graz und Innsbruck und am Studienzentrum Wien.

Christa Leupold

Personalentwicklerin in einem österreichischen Kreditinstitut in den Arbeitsfeldern Fach- und Verkaufstraining, Personalarbeit, Persönlichkeitsentwicklung und Kommunikation, Organisations- und Teamarbeit.

Mag. Dr.rer.soc.oec. Hannes Piber

Organisationsentwicklungsberater, Trigon Entwicklungsberatung reg.Gen.m.b.H.; Tätigkeitsschwerpunkte: Begleitung von Änderungsvorhaben und Unterstützung bei der Erarbeitung von Konzepten; Lehrbeauftragter an den Universitäten Graz und Innsbruck.

Drs. Hans von Sassen

Bautechniker und Psychologe; Seminar- und Beratungtätigkeit auf dem Gebiet der Organisationsentwicklung in Wirtschaftsunternehmen, Schulen und Verwaltungsorganisationen; Trigon Entwicklungsberatung reg.Gen.m.b.H.

Dkfm. Dr.rer.comm. Werner Vogelauer

Organisationsentwicklungsberater, Trigon-Entwicklungsberatung reg.Gen.m.b.H., in fortgeschrittener Ausbildung zum Transaktionsanalytiker; Schwerpunkte: Führungs- und Kommunikationsverhalten, Unternehmenskultur, -strategie und - identität.